평생 시편 연구에 정진하는 김성수 박사님의 손에서 한국 그리스도인들을 위한 아름다운 시편 번역이 나왔습니다. 시편 연구에 큰 획을 긋는 경사요 한국교회에 큰 기쁨이 아닐 수 없습니다.

히브리 시의 문체론 연구에 정통한 저자가 국문학도의 예술적 감성을 살려 맛깔스럽고 유려한 한글로 독자의 입에 시편을 읊조리게 했으니 어찌 큰 수고가 아니겠습니까. 또한, 독특한 히브리어만의 표현방식을 전혀 어색함이 없는 부드럽고 자연스러운 한국어로 풀어냈으니 어찌 큰 경사가 아니겠습니까. 그동안 시편 학자들이 다양한 사역을 시도했습니다만 이번 시편 번역의 공공성과 대중성, 가독성과 영적 품격에는 다소 부족한듯합니다.

끝으로 본서에 실린 저자의 기도와 묵상은 시편 읽기의 신뢰할 만한 안내자 역할 뿐 아니라 누룩처럼 그리스도인의 영적 품성 형성에 크게 이바지할 것이라 믿어 의심치 않습니다.

류호준 | 백석대학교 신학대학원 은퇴 교수

칼뱅은 시편에 대해 "이 보고에 얼마나 다양하고 휘황찬란한 부가 담겨 있는지 말로 표현할 길이 없다."고 했는데, 칼뱅이 느낀 것만큼이야 하겠습니까만 나 역시 시편을 너무나 좋아하고 많은 은혜를 누립니다. 그렇지만 늘 안타깝게 생각한 것은 나와 같은 평범한 목회자나 성도는 우리 성경 번역으로는 시편의 그 풍성함과 아름다움을 풍성하게 누리지 못한다는 것이었습니다. 늘 그런 아쉬움을 가지고 있던 차에 김성수 교수에 의해 '시로 묵상하는 시편'이 탄생했습니다.

추천사를 쓰기 위해 책의 원고를 받고서는 쉬우면서도 맛깔스러운, 그러면서도 너무나 자연스럽게 묵상과 기도로 이어지는 멋진 번역에 연신 고개를 끄덕이며 읽어 갔습니다. 고대에 기록된 시편이 현대에 맞게 새로운 옷을 입고 나를 찾아온 듯했습니다. 읽는 내내, 읽고 난 후에도 시편이 주는 풍성한 의미와 감동으로 인해 마음이 벅찼습니다.

누구보다도 김성수 교수를 잘 알고 사랑하고 존경하는 사람으로서 이 멋진 책을 쓴 것에 대해 한없이 고맙고 자랑스럽습니다. 이 책을 통해 수많은 목회자와 성도에게 시편의 풍성함과 아름다움을 경험하고, 시편을 통해서 깊은 묵상과 기도의 세계로 들어가게 되기를 기대합니다.

제인호 | 가음정교회 담임목사

시로 묵상하는 시편

시로 묵상하는 시편
1-41편

Psalms 1-41

김성수

일러두기

1. 각 시편 표제는 각 시편의 첫머리 부분에 괄호 안에 넣어 표시했다.
2. 독자의 시편 이해를 돕기 위해 각 연마다 제목을 달았다. 각 시편의 연 구분은 필자가 주석(『시편 I』, 총회출판국, 2022)에서 제시한 것이다. 어떤 경우에는 큰 구분 안에 작은 구분이 나오기도 한다.
3. 하나님을 부르는 이인칭 대명사(대명사, 접미어, 동사의 주어, 영어 You)는 국어 어법상 '주'로 번역했다. 히브리어에서 '주'를 의미하는 아도나이가 나올 때는 '주님'으로 번역했다.
4. 목차에서 보듯이 시편 그룹별로 제목을 붙였는데(예: 1-2편 시편 서론: 두 가지 행복), 이는 필자의 시편 문맥 연구를 따른 것으로 각 그룹이 공통으로 강조한 것을 요약한 것이다.
5. 각 시편의 주제어들을 선정해 제목 아래에 표시했으며 한 눈에 보기 쉽도록 마지막 페이지에 표로 정리해 두었다.

목차

저자의 말 ··· 10

시편 서론-두 가지 행복

1편 말씀을 묵상하는 의인의 행복 ································ 14

2편 아들에게 입 맞추라 ·· 17

악인에게 고통당하는 의인 다윗의 간구들

3편 수많은 대적에 둘러싸여도 ···································· 22

4편 풍성한 곡식보다 더한 기쁨 ··································· 25

5편 아침에 내 소리를 들으소서 ··································· 28

6편 나를 고쳐주십시오 ··· 32

7편 의로운 판결을 요청하는 기도 ······························· 35

8편 하나님의 영광, 인간의 영광 ·································· 39

9-10편 가난한 자의 하나님 ··· 42

11편 흔들리는 세상, 견고한 하나님의 보좌 ················ 50

12편 악인의 말 대(vs.) 여호와의 말씀 ························ 53

13편 언제까지입니까 ·· 56

14편 어리석은 자의 초상화 ·· 59

하나님 나라 왕 다윗의 간구, 확신, 찬양

15편 하나님의 장막에 거할 자 ········· 63

16편 하나님 앞에 사는 환희 ········· 66

17편 의롭다 함을 받게 하소서 ········· 70

18편 다윗 왕조를 세우신 하나님 찬양 ········· 74

19편 하늘과 말씀에 나타난 하나님 영광 ········· 83

20편 왕의 승리를 구하는 기도 ········· 87

21편 왕의 승리, 왕의 영광 ········· 90

22편 하나님 나라 왕의 탄식과 찬양 ········· 94

23편 부족함 없는 인도, 넘치는 환대 ········· 101

24편 영광의 왕이 들어가신다 ········· 104

성소에서 올리는 다윗의 간구와 찬양

25편 은혜의 왕, 진리의 교사 ········· 108

26편 의로운 판결 호소 ········· 113

27편 여호와는 나의 빛 ········· 116

28편 악인들의 행위대로 갚으소서 ········· 121

29편 온 땅을 제압하는 여호와의 소리 ········· 125

30편 진노는 잠깐 은총은 평생 ········· 129

31편 나의 영을 하나님 손에 맡깁니다 — 133
32편 죄 용서받은 자의 행복 — 140
33편 창조와 통치와 구원의 하나님 찬양 — 144

의인과 악인에 관한 다윗의 교훈과 기도

34편 여호와의 선하심을 맛보라 — 150
35편 나와 다투는 자와 다투소서 — 156
36편 망하는 삶, 풍성한 삶 — 163
37편 온유한 자가 땅을 차지한다 — 167

용서와 치료와 구원을 간구하는 다윗의 기도

38편 성한 데가 없습니다 — 177
39편 주와 함께 있는 나그네 — 182
40편 수렁에서 건지시는 하나님 — 186
41편 긍휼히 여기는 자는 복이 있나니 — 192

시편 1-41편 주제어 모음 — 196

저자의 말

시편은 노랫말에 가깝다. 그래서 시편은 노래로 불러야 더 하나님의 마음을 깊이 느낄 수 있다. 하지만 안타깝게도 고대 이스라엘 민족이 성전에서 시편을 부르던 곡조를 찾을 길은 없다. 개역개정 한글 성경의 시편은 경전체 유지와 인쇄상의 이유로 행 구분이 이뤄져 있지 않아서 읽을 때마다 노랫말이라는 느낌이 덜 든다.

필자는 고신총회 60주년 기념 주석 『시편 1』(총회출판국, 2022)을 쓰면서 맛소라 히브리어 본문과 다양한 번역본들을 참고해서 시편 1-41편을 번역했다. 노랫말 혹은 시가의 맛을 보도록 행적인 나열도 해 보았다. 이 번역이 주석에는 실리지 못했지만, 대신 작은 책으로 나오게 되어 기쁘다. 각 시편마다 '묵상과 기도'가 뒤 따르는데, 이는 주석에서 제시한 '교훈과 적용'을 요약한 것이다.

이 책이 한국 교회 목회자와 성도들이 시편을 시 혹은 노래로 읽는 데 도움이 되기를 바란다. 주석과 함께 읽으면 더 시편을 잘 이해할 수 있을 것이다. 그러나 주석과 별개로 이 책만 읽더라도 시편을 묵상하고 기도하는 데 큰 도움이 될 것이다. 아무쪼록 이 책이 늘 가까이 계신 하나님을 더 가까이하는 도구가 되길 간절히 바란다.

2022년 4월 1일

김성수

시편 서론
두 가지 행복
1-2편

1편
말씀을 묵상하는 의인의 행복

#행복 #말씀 #형통 #의인 #악인 #겨

의인의 길의 행복

1 행복하여라

　악인들의 꾀를 따라 걷지도 않고

　죄인들의 길에 서지도 않으며

　오만한 자들의 자리에도 앉지 않는 사람!

2 도리어 여호와의 말씀을 즐거움 삼고

　그의 말씀을 밤낮으로 묵상하는 사람!

3 그는 마치 시냇가에 심겨

　제철 따라 열매 맺고

　잎이 시들지 않는

　나무처럼

　하는 일마다 다 잘되리라

악인의 길의 불행
4 악인들은 그렇지 않고

  오히려 바람에 날아가는

  겨 같으리라
5 그러므로 악인들이 심판 가운데,

  죄인들이 의인들의 회중 가운데 서지 못하리라

하나님의 최종 평가
6 결국 의인들의 길은 여호와가 돌보시지만

  악인들의 길은 망하리라

묵상과 기도

1.
하나님 나라의 통치 원리인
말씀이 주는 풍성하고 행복한 삶을 사모하게 하소서.

2.
말씀 묵상과 실천을 방해하는 세상의 길,
심판의 길에서 떠나게 하소서.

3.
하나님의 돌보심과 최종 판결을 믿고
악인이 잘되는 것 같은 세상에서도
말씀의 길을 걷게 하소서.

2편
아들에게 입 맞추라

#그리스도 #하늘 왕 #아들 #통치자들 #경고 #행복

여호와와 그의 왕에 대한 나라들의 반역
1 어째서 나라들이 모이고
   (어째서) 민족들이 헛된 일을 꾸미는가?
2 여호와를 거슬러,
   그의 기름 부음 받은 자를 거슬러
   세상의 왕들이 일어서고
   통치자들이 함께 음모를 꾸민다
3 "그들의 족쇄들을 끊어 버리자!"
   "그들의 결박한 줄들을 벗어던져 버리자!" 한다

하늘 왕의 대응: 시온에 자기 왕을 세우심
4 하늘에 좌정하신 분이 웃으시며
   주님이 그들을 비웃으신다

5 그때 그들에게 진노 중에 말씀하시며
　분노 중에 그들을 두렵게 하신다
6 "바로 내가 내 거룩한 산 시온에
　내 왕을 세웠다" 하신다

왕이 전하는 여호와의 칙령
7 내가 여호와의 칙령을 널리 알린다
　그는 내게 이렇게 말씀하셨다
　"너는 내 아들이다
　오늘 내가 너를 낳았다
8 내게 요청하여라
　내가 나라들을 네 유산으로
　땅끝까지를 네 소유로 줄 것이다
9 네가 그들을 쇠막대기로 깨뜨리며
　질그릇같이 부술 것이다"

세상 통치자들에게 주는 경고

10 그러니 이제, 왕들아, 지혜롭게 처신하여라

　세상 통치자들아, 경고를 받아들여라

11 경외함으로 여호와를 섬기고

　떨림 가운데서도 기뻐하여라

12 아들에게 입 맞추어라

　그가 진노하여

　너희가 길에서 망하지 않도록!

　그의 진노가 순식간에 불타오를 것이기에!

　행복하여라, 그에게 피하는 모든 사람은!

묵상과 기도

1.
눈에 보이는 세상과 사탄의 왕국을
두려워하지 않고 진정한 통치자이신
하나님만 바라게 하소서.

2.
하나님의 기름 부음 받은 자, 그리스도로 오신 예수님이
다시 오셔서 거역하는 세상 나라를 부수고
하나님 나라를 완성하실 것을 소망하게 하소서.

3.
거센 세상의 도전을 받을 때 하나님과
그리스도만 의지하고 피하는 것이
참 행복인 것을 확신하게 하소서.

악인에게
고통당하는 의인
다윗의 간구들
3-14편

3편
수많은 대적에 둘러싸여도

#대적 #공격 #방패 #구원 #심판 #잠

[다윗의 시, 그가 그의 아들 압살롬 앞에서 피할 때]

많은 대적들이 위협하는 상황에 대한 탄식
1 여호와여, 나의 대적들이 얼마나 많은지요!

　나를 대항하여 일어난 자들이 많습니다
2 나에 대해 이렇게 말하는 자들이 많습니다

　"그를 위한 구원이 하나님께 없다" (셀라)

기도에 응답하실 여호와에 대한 신뢰
3 여호와여, 그러나 주는 나를 두르는 방패시며

　내 영광, 내 머리를 드시는 분이십니다
4 내가 여호와께 큰 소리로 부르짖을 때

　그는 당신의 거룩한 산에서 내게 응답하시네 (셀라)

여호와 안에서의 안전함에 대한 확신
5 내가 누워서 자고 일어나기도 하는 것은

  여호와가 나를 붙드시기 때문이네
6 나를 대항해 사방으로 포위한 수천수만의 군대도

  나는 두려워하지 않네

구원과 복을 구하는 기도
7 여호와여, 일어나십시오

  나의 하나님, 나를 구원해 주십시오

  주가 내 모든 원수의 뺨을 치시며

  악인들의 이를 꺾으시기 때문입니다
8 구원은 여호와께 있습니다

  주의 백성에게 주의 복을 내려 주십시오 (셀라)

묵상과 기도

1.
하나님, 나와 교회를 공격하는
악한 세력들이 너무나도 많습니다.
이 고난에서 우리를 구원해 주십시오.

2.
하나님, 의인과 교회를 공격하는
강력한 사탄의 세력들을 멸해 주십시오.

3.
아무리 많은 악한 세력의 공격 가운데서도
의인의 기도에 응답하셔서
구원해 주시는 하나님을 믿습니다.

4편
풍성한 곡식보다 더한 기쁨

#응답 #음해 #경건한자 #잠잠 #기쁨 #평안

[인도자를 따라, 현악기에 맞춰, 다윗의 시]

도입 기도
1 내 의의 하나님,

    내가 부르짖을 때 내게 응답해 주십시오

    나를 곤경에서 벗어나게 해 주십시오

    나를 불쌍히 여기셔서 내 기도를 들어 주십시오

대적들에 대한 경고와 하나님에 대한 신뢰 고백
2 인생들아, 언제까지 내 영광이 모욕당하겠으며

    너희들이 헛된 일을 좋아하고 거짓을 구하겠는가?
    (셀라)
3 여호와가 그를 위해 경건한 자를 구별하셨음을 알아라

    여호와는 내가 그에게 부르짖을 때 들어주신다

4 너희는 떨며 죄를 짓지 말아라

  잠자리에서 마음에 말하고 잠잠하여라 (셀라)

5 의의 제사를 드려라

  여호와를 신뢰하여라

하나님 앞에서의 기도와 확신

6 많은 사람이 말하기를,

  "누가 우리에게 좋은 것을 보여줄 것인가?" 합니다

  여호와여, 우리에게 주의 얼굴빛을 비춰주십시오

7 주는 내 마음에 기쁨을 주십니다

  이 기쁨은 저들의 곡식과 포도주가 풍성할 때보다 더합니다

8 나는 평안히 눕고 자기도 할 것입니다

  여호와여, 주만이 나를 안전하게 살게 하시기 때문입니다

묵상과 기도

1.
우리가 하나님의 교회를 위해 일하다가
억울하게 공격받을 때 우리 기도를 들으시고
억울함을 풀어 주십시오.

2.
교회의 어려움 속에서도 함부로 교회 지도자들을
비난하기보다 잠잠히 하나님의 뜻을 묵상하며
하나님만 의지하게 해 주십시오.

3.
어떤 재앙과 고난 속에서도 하나님께서
경건한 자에게 많은 물질보다 더 큰
평안과 기쁨을 주심을 믿습니다.

5편
아침에 내 소리를 들으소서

#응답 #아침 #거짓말 #악한 말 #재판 #보호

[인도자를 따라, 관악기에 맞춰, 다윗의 시]

왕이신 여호와께 올리는 도입 기도
1 여호와여, 내 말에 귀를 기울여 주십시오

　내 한숨을 헤아려 주십시오
2 내 부르짖는 소리를 귀담아들어 주십시오

　나의 왕 나의 하나님!

　내가 주께 기도합니다
3 여호와여, 아침에 내 소리를 들어 주십시오

　아침에 내가 주 앞에 (기도를) 올리고 간절히 기다립니다

악인을 심판하실 하나님의 의로운 통치 확신
4 주는 죄악을 기뻐하시는 하나님이 아니시기에

　악이 주와 함께 머물지 못합니다

5 교만한 자들이 주의 눈앞에 서지 못합니다

　주는 악을 행하는 모든 자를 미워하십니다

6 주는 거짓말하는 자들을 멸하시며

　피 흘리고 속이는 자를

　여호와는 혐오하십니다

의로운 구원 확신과 간구
7 그러나 나는 주의 넉넉한 인자하심으로 주의 집에 들어가며

　주의 성전을 향하여 주를 경외함으로 예배할 것입니다

8 여호와여, 내 원수들로 말미암아

　주의 의로 나를 인도해 주십시오

　주의 길을 내 앞에 곧게 해 주십시오

악인 고발과 의로운 판결 호소
9 그들의 입에는 믿을 만한 것이 없고
   그들의 속은 파멸이기 때문입니다
   그들의 목구멍은 열린 무덤이며
   그들의 혀는 아첨하기 때문입니다
10 하나님, 그들이 죗값을 치르게 해 주십시오
   자기들의 꾀에 넘어지게 해 주십시오
   그들의 많은 허물로 말미암아 그들을 쫓아내십시오
   그들은 주께 반역하였기 때문입니다

의인들을 위한 구원 간구와 축복
11 하지만 주께 피하는 모든 사람은 기뻐하게 하시고
   영원히 기뻐 외치게 해 주십시오
   주께서 그들 위를 가려 주셔서
   주의 이름을 사랑하는 자들로 주 안에서 즐거워하게 해 주
십시오
12 여호와여, 틀림없이 주께서는 의인에게 복을 주시고
   큰 방패처럼 은총으로 그를 호위하실 것입니다

묵상과 기도

1.
하나님, 거짓되고 악한 말로 상처받은
저의 마음을 회복시켜 주시고
그들의 공격에서 건져 주십시오.

2.
의로운 재판관이신 하나님,
악하고 거짓된 말로 의인을 공격하는 악인들을
의롭게 심판해 주십시오.

3.
악한 말과 거짓말로 이웃들에게 상처 주고
교회를 파괴하지 않도록
내 입술과 혀를 주관해 주십시오.

6편
나를 고쳐주십시오

#질병 #치유 #징계 #탄식 #원수 #눈물

[인도자를 따라, 현악기 여덟째 줄에 맞춰, 다윗의 시]

질병의 고통 탄식과 치유 간구

1 여호와여, 주의 노여움으로 나를 책망하지 마십시오
  주의 진노로 나를 징계하지 마십시오
2 여호와여, 나는 쇠약하니 나를 불쌍히 여겨 주십시오
  나의 뼈가 떨리니 나를 고쳐 주십시오
3 내 영혼도 매우 떨립니다
  그런데 여호와 주여! 언제까지입니까?

죽음의 위기에서 건지시길 구하는 기도

4 여호와여, 돌아오셔서 나의 영혼을 건져 주십시오
  주의 인자하심으로 나를 구원해 주십시오
5 죽어서는 주를 기억할 수 없기 때문입니다
  누가 스올에서 주께 찬양드릴 수 있겠습니까?

질병을 빌미로 공격하는 대적들이 주는 고통
6 나는 탄식으로 지쳐갑니다

　밤마다 내 침상을 눈물바다로 만들고

　내 잠자리를 눈물로 적십니다

7 내 눈이 슬픔으로 말미암아 흐려지고

　내 모든 대적으로 말미암아 약해졌습니다

하나님의 기도 응답과 대적의 수치 확신
8 악을 행하는 모든 자야, 나를 떠나라!

　여호와가 내 울음소리를 들으시기 때문이네

9 여호와가 내 간구를 들으시고

　여호와가 내 기도를 받으시네

10 내 모든 원수는 수치를 당하여 크게 떨고

　물러가 갑자기 수치를 당하리라

묵상과 기도

1.
몸이 매우 아픕니다.
하나님, 징계일지라도 불쌍히 여기셔서
용서해 주시고 회복시켜 주십시오.

2.
아픈 것을 빌미로 악한 원수들이 정죄할 때도
의롭다 하신 하나님을 의지하오니,
악인들을 물리쳐 주십시오.

3.
죽음의 고통, 원수의 공격에서 구해 주시면
치유와 구원의 하나님을 영원히 자랑하며 찬양하겠습니다.

7편
의로운 판결을 요청하는 기도

#무고 #억울함 #심판 #의로우심 #재판장 #사필귀정

[베냐민인 구시의 말에 대해 여호와께 노래한 다윗의 식가욘]

대적들로부터 구원을 간구하는 도입 기도
1 여호와 나의 하나님, 내가 주께 피합니다

　나를 쫓는 모든 자에게서 나를 구하여 건져 주십시오
2 그렇지 않으면 그들이 내 영혼을 사자처럼 찢어도

　건져 낼 자가 없을 것입니다

대적들에게 공격받을 만한 '죄' 없음 항변
3 여호와 나의 하나님, 만일 내가 이것을 행하였거나

　만일 내 손에 불의가 있거나
4 만일 내가 내 친구에게 악으로 갚았거나

　내 대적에게서 까닭 없이 빼앗았다면
5 원수가 내 영혼을 뒤쫓아 붙잡아

　내 생명을 땅에 짓밟고

　내 영광을 흙먼지 속에 처박아 놓아도 좋습니다 (셀라)

하나님의 의로운 심판 간구

6 여호와여, 진노로 일어나십시오

　내 대적들의 분노에 맞서 일어서십시오

　나를 위해 깨어 일어나십시오

　주께서 판결을 정하셨습니다

7 민족들의 모임이 주를 둘러싸게 하시고

　그것 위 높은 자리에 돌아오십시오

8 여호와께서 만민을 재판하십니다

　여호와여, 나의 의를 따라

　그리고 내게 있는 내 온전함을 따라 나를 변호해 주십시오

9 악인들의 악이 끝나게 하시고

　의인들은 견고히 세워 주십시오

　마음과 생각을 살피시는 분,

　의로우신 하나님이여!

'의로우신' 재판장에 대한 신뢰 고백

10 나의 방패는 하나님께,

　곧 마음이 정직한 자들을 구원하시는 분께 있네

11 하나님은 의로우신 재판장이시며

　날마다 분노하시는 하나님

12 그가 회개하지 않으면

　　당신의 칼을 가시고

　　당신의 활을 당겨 겨누신다

13 그를 향해 치명적 무기를 준비하시며

　　당신의 화살들에 불을 붙이신다

대적들의 '죄'에 대한 하나님의 심판 확신

14 보라, 그는 악을 잉태하고

　　재앙을 배어 거짓을 낳는다

15 그는 구덩이를 파고 깊게 만들지만

　　자신이 판 함정에 자기가 빠진다

16 자신의 재앙이 자기 머리로 돌아가고

　　자신의 포악이 자기 정수리에 내린다

구원의 하나님에 대한 찬양 맹세

17 내가 그의 의로우심으로 말미암아 여호와께 감사하며

　　지존자이신 여호와의 이름을 찬미하리라

묵상과 기도

1.
정의로 만민을 재판하시는
의로운 재판장 하나님께
어떤 억울한 일도 아뢰며 기도하겠습니다.

2.
악인들과 사탄의 공격이 거세어
의인의 영혼이 피폐해지고 있습니다.
어서 일어나 악인을 심판하고
의인의 억울함을 풀어 주십시오.

3.
혹 내가 의인을 억울하게 하는
악인의 자리에 있지 않은지
생각을 살피시는 하나님 앞에서 늘
돌아보게 해 주십시오.

8편
하나님의 영광, 인간의 영광

#영광 #하늘 #어린아이 #돌보심 #존귀 #다스림

[인도자를 따라, 깃딧에 맞춰, 다윗의 시]

후렴: 온 땅에 장엄한 하나님의 이름
1 여호와 우리 주님!
   주의 이름이 온 땅에 어찌 그리 장엄합니까!

대적을 잠잠케 하는 하늘 영광
   주의 영광을 하늘 위에 두셨습니다
2 주의 대적들로 말미암아 어린아이들과 젖먹이들의 입으로 권능을 세우셨으니
   이는 원수들과 보복자들로 잠잠하게 하려 하심입니다

하늘에 전시된 하나님의 영광
3 참으로 내가 주의 하늘을 봅니다
   주의 손가락으로 만드신 것들, 주께서 배치해 두신 달과 별들을 봅니다

비천한 인간을 돌보시는 하나님의 사랑
4 사람이 무엇이기에 주께서 그를 생각해 주시고

　인자가 무엇이기에 주께서 그를 돌보십니까!

인간에게 부여하신 하나님의 영광
5 그리고 주께서 그를 하나님보다 조금 모자라게 만드시고

　그에게 영광과 존귀로 왕관 씌우셨습니다

땅의 피조물을 다스리는 인간의 영광
6 주는 그에게 주의 손으로 만드신 것들을 다스리게 하시고

　그 모든 것을 그의 발아래에 두셨습니다

7 모든 양 떼와 소 떼와 야생동물들,

8 하늘의 새와 바닷길들로 다니는 바닷물고기들입니다

후렴: 온 땅에 장엄한 하나님의 이름
9 여호와 우리 주님!

　주의 이름이 온 땅에 어찌 그리 장엄합니까!

묵상과 기도

1.
우주에 가득한 하나님의 영광만이 이 세상을 다스리고
불의한 세력을 제압하는 유일한 능력임을 믿고 찬양합니다.

2.
우리를 하나님의 대리통치자로 창조하시고
예수 그리스도를 통해 대리통치자의 영광을 회복시키신
하나님의 돌보심과 은혜를 찬양합니다.

3.
하나님께서 맡기신 가정과 교회와 세상을
하나님 뜻대로 잘 다스려
하나님의 영광을 드러내게 해 주십시오.

9-10편
가난한 자의 하나님

9편 #변호 #심판 #공의 #가난 #요새 #자승자박
10편 #교만 #자승자박 #신성모독 #가난 #고아 #감찰

[인도자를 따라, 뭇랍벤에 맞춰, 다윗의 시]

서론적 감사 찬양
(알렙 א)
9:1 여호와여, 내가 온 맘으로 감사드리며

주의 모든 놀라운 일들을 전하겠습니다

2 지존자여, 내가 주를 기뻐하고 즐거워하며

주의 이름을 찬송하겠습니다

감사 내용: 악인 심판과 시인 변호
(베트 ב)
3 내 원수들이 물러갈 때

주의 앞에서 넘어져 망합니다

4 이는 주께서 의로운 재판관으로 보좌에 앉으셔서

나를 위한 재판과 판결을 하셨기 때문입니다

(김멜 𝅘𝅥𝅮)

5 주께서 나라들을 꾸짖으시고 악인을 멸하셨으며

그들의 이름을 영원히 지우셨습니다

6 원수가 멸망하였습니다

폐허처럼 영원히!

주께서 성들을 뿌리 뽑으셨기에

그들에 대한 기억조차 사라졌습니다

의로운 통치자, 가난한 자의 요새 하나님
(헤 𝅘𝅥𝅮)

7 그러나 여호와는 영원히 좌정하시네

심판을 위한 당신의 보좌를 세우셨네

8 의로 세계를 심판하시며

공평으로 만민을 재판하시네

(바브 𝅘𝅥𝅮)

9 여호와는 압제당하는 자의 피난처,

환난 때의 피난처가 되어 주시네

10 주의 이름을 아는 자들이 주를 의지합니다

여호와여, 이는 주께서 주를 찾는 자들을 버리지 않으시기 때문입니다

찬양으로의 초청
　　(자인 ז)
11 너희는 시온에 거하시는 여호와께 찬송하라

　　그의 하신 일들을 백성들 중에 선포하라

12 이는 피에 대해 감찰하시는 분이 저희를 기억하시고

　　가난한 자들의 부르짖음을 잊지 않으시기 때문이라

감사 내용: 하나님의 과거 구원 간증
　　(헤트 ח)
13 여호와여, 나를 불쌍히 여겨 주십시오

　　사망의 문에서 나를 일으키시는 분이시여

　　나를 미워하는 자들에게 받는 나의 고통을 보십시오

14 그러면 내가 주께 대한 모든 찬송을 전하겠습니다

　　딸 시온의 문에서 주의 구원을 기뻐하겠습니다
　　(테트 ט)
15 나라들은 자기들이 판 웅덩이에 빠졌고

　　자기들이 숨겨 놓은 그물에 그 발이 걸렸네

16 여호와는 자신이 행하신 심판으로 자신을 알리셨고

　　악인은 자기 손으로 행한 일에 스스로 걸려들었네

　　　　　　　　　　　　　　(힉가욘, 셀라)

(요드 י)
17 악인들은 스올로 돌아가네

하나님을 잊어버린 모든 나라들은!
(카프 כ)
18 그러나 궁핍한 자는 결코 잊어버림을 당하지 않고

가난한 자의 소망은 절대 망하지 않으리

인생일 뿐인 나라들에 대한 심판 간구
19 여호와여, 일어나셔서 인생으로 승리하지 못하게 해 주십시오

나라들이 주 앞에서 심판받게 해 주십시오

여호와여, 그들에게 두려움이 임하게 해 주십시오

20 나라들로 자기는 인생일 뿐인 줄 알게 해 주십시오
(셀라)

탄식: 악인에 대한 고발
(라멧 ל)
10:1 여호와여, 어찌하여 멀리 서시며

환난 때에 숨으십니까?

2 악인이 교만하게 가난한 자를 핍박합니다

그들로 자신들이 꾸민 음모에 빠지게 해 주십시오

3 이는 악인이 자기 마음의 욕심을 자랑하고

　 탐욕스러운 자가 여호와를 모독하고 멸시하기 때문입니다

4 악인은 콧대를 높이며 "그가 감찰하지 않는다" 하며

　 모든 음모 가운데서 "하나님이 어디 있어?" 합니다

5 그의 길들은 언제든지 번성하고

　 주의 심판은 저에게서 너무 높이 있어서

　 그가 자기 대적들에게 콧방귀 뀝니다

6 그는 속으로 말하기를 "나는 흔들리지 않아

　 대대로 불행이란 없을 거야" 합니다

7 그의 입에는 저주와 거짓과 폭언이,

　 그의 혀 밑에는 해와 악이 가득합니다

8 그는 마을 길목에 숨어

　 은밀한 곳에서 무고한 자를 죽이며

　 그의 눈은 몰래 힘없는 자를 노립니다

9 그는 굴속의 사자처럼 은밀한 곳에 숨어 기다리며

　 가난한 자를 잡으려고 숨어 기다립니다

　 자기 그물로 가난한 자를 끌어당겨 잡습니다

10 힘없는 자들이 억눌리고 쓰러집니다

　 그의 힘에 넘어집니다

11 그는 속으로 말하기를

"하나님이 잊으셨고

얼굴을 숨기시고

영원히 보지 않으실 거야" 합니다

악인 심판과 가난한 자 구원 간구
(코프 ק)

12 여호와여, 일어나십시오

하나님이여, 손을 드십시오

가난한 자들을 잊지 마십시오

13 어떻게 악인이 하나님을 멸시하며

속으로 말하길 '주는 감찰하시지 않는다' 한단 말입니까?

(레쉬 ר)

14 주는 정녕 보십니다

주는 고통과 원한을 보시고

손수 갚으려고 하시니

힘없는 사람이 주께 의지합니다

주는 고아를 돕는 분이십니다

(쉰 שׁ)

15 악하고 못된 자의 팔을 꺾어 주십시오

그의 악을 더는 찾을 수 없을 때까지 감찰해 주십시오

하나님의 의로운 통치 확신

16 **여호와는 영원무궁토록 왕이시기에**

　나라들이 그의 땅에서 멸망할 것입니다

(타브 ת)

17 여호와여, 주는 가난한 자들의 소원을 들으시고

　그들의 마음을 굳세게 하시며

　주의 귀를 기울이셔서

18 고아와 압제당하는 자를 위하여 판결하시고

　땅에 속한 인생이 다시는

　위협하지 못하게 하실 것입니다

묵상과 기도

1.
하나님은 불의한 세상에서 압제당하면서도
오직 하나님만 의지하는 '가난한 자들의 하나님'이십니다.
어떤 비참한 상황에서도 오직 하나님만 의지하며
기도하겠습니다.

2.
참된 의인이요 가난한 자로 이 땅에 오셔서 우리의 가난을
짊어지시고 우리를 의롭게 해 주신 예수 그리스도 우리 왕
을 의지하며 현재의 고통을 이겨 내겠습니다.

3.
하나님의 의로운 통치를 조롱하며
악을 행하여 번성하는 것 같은 악인을
감찰하시고 심판하실 하나님을 믿습니다.

11편
흔들리는 세상,
견고한 하나님의 보좌

#피난처 #터 #의인 #보좌 #감찰 #심판

[인도자를 따라, 다윗의]

악인이 득세하는 시대, 사람들의 충고
1 나는 여호와께 피하였는데
  너희는 어떻게 내 영혼에게 이렇게 말하는가?
  "너는 새처럼 너의 산으로 도망가라
2 보라, 악인들이 활을 당기고
  시위에 화살을 먹여
  마음이 정직한 사람들을
  어둠 속에서 겨누고 있지 않은가?
3 기초가 무너지는데
  의인인들 무엇을 할 수 있으랴?"

여호와의 의로운 통치 확신

4 여호와는 당신의 거룩한 전에 계시고

여호와 그분의 보좌는 하늘에 있어

그의 눈으로 살피시고

그의 안목으로 인생들을 감찰하시네

5 여호와는 의인을 감찰하시지만

악인과 폭력을 좋아하는 자를 정말로 미워하시네

6 악인들 위에 맹렬한 숯불과 유황을 비처럼 내리시네

뜨거운 바람이 그들 잔의 몫이 되리라

7 여호와는 의로우셔서

의로운 일들을 좋아하시기에

정직한 사람이 그의 얼굴을 뵙게 되리라

묵상과 기도

1.
도덕적 질서조차 무너진 악한 세상과 타협하거나
세상의 힘을 의지하기보다 하나님께로 피하게 해 주십시오.

2.
득세하는 악인들과 고통당하는 의인들을 감찰하시는
하나님의 은혜 보좌로 날마다
예수님의 이름으로 나아갑니다.

3.
악인들이 득세하는 것 같아도
그들의 결말은 하나님의 맹렬한 불 심판임을 기억하고
악이 아닌 의를 구하게 해 주십시오.

12편
악인의 말 대(vs.) 여호와의 말씀

#경건 #거짓 #아첨 #자랑 #말씀 #순결

[인도자를 따라, 여덟째 줄에 맞춰, 다윗의 시]

도입 기도와 거짓이 횡행하는 현실 탄식
1 여호와여, 구원해 주십시오

 경건한 자들이 없어지고

 인생 중에서 신실한 자들이 사라집니다
2 사람들이 서로 거짓말하고

 아첨하는 입술과 두 마음으로 말합니다

거짓말하는 자들에 대한 심판 간구
3 여호와가 모든 아첨하는 입술과

 자랑하는 혀를 끊어 주시길!
4 그들은 이렇게 말하네

 "우리 혀로 우리가 이길 것이다

 우리의 입술이 우리에게 있는데

 우리를 주관할 자 누구냐?"

의인들 구원에 대한 여호와의 약속
5 여호와가 이렇게 말씀하시네

　"가난한 자들에 대한 압제와

　궁핍한 자들의 탄식 때문에

　이제 내가 일어나

　그가 갈망하는 구원 가운데 그를 둘 것이다"
6 여호와의 말씀은 순결한 말씀

　흙 도가니에 제련된, 일곱 번이나 정련된 은

마지막 확신과 탄식
7 여호와여, 주께서 그들을 지키실 것이며

　주께서 그를 이 세대로부터 영원히 보호하실 것입니다
8 비열함이 인생 중에 높임을 받는 때에

　악인들이 사방을 활보합니다

묵상과 기도

1.
교회 안팎에 속이는 말, 이웃을 죽이는 말,
아첨하는 말이 넘칩니다. 하나님, 이런 말들의 공격에서
교회와 의인들을 구원해 주십시오.

2.
악하고 거짓된 말의 공격 가운데서도 거기서 건지시겠다고
약속하신 하나님의 순결한 말씀을 붙들겠습니다.

3.
거짓은 사탄에 속하였으나,
진리는 하나님께 속하였습니다.
진리의 말씀을 붙들고 거짓을 이기게 해 주십시오.

13편
언제까지입니까

#행복 #말씀 #형통 #의인 #악인 #거

[인도자를 따라, 다윗의 시]

탄식: 하나님의 침묵, 육신의 고통, 원수의 공격
1 언제까지입니까? 여호와여, 나를 영원히 잊으시렵니까?

  언제까지 주의 얼굴을 내게서 숨기시렵니까?
2 언제까지 내 영혼에 번민을 품고

  종일 내 마음에 슬픔을 품어야 합니까?

  언제까지 내 원수가 나를 향해 우쭐대야 합니까?

간구: 여호와의 응답, 육신의 회복, 원수의 패배
3 여호와 나의 하나님, 나를 보십시오, 내게 응답해 주십시오

  내 눈을 밝게 해 주십시오

  내가 사망의 잠을 자지 않도록
4 내 원수가 '내가 그를 이겼다' 말하지 않도록

  내 대적들이 내가 흔들릴 때 기뻐하지 않도록 말입니다

하나님에 대한 신뢰와 구원의 확신 고백
5 하지만 나는 주의 인자하심을 의지합니다
  내 마음은 주의 구원을 기뻐할 것입니다

찬양의 맹세
6 나는 여호와께 노래하리라
  그가 나를 후대하실 것이기에

묵상과 기도

1.
하나님, 고통이 너무나 길어져 견디기 힘듭니다.
나를 잊지 마시고 속히 기도에 응답해 주십시오.

2.
내 몸과 마음의 아픔, 그로 인한
악인의 무자비한 공격에서 저를 구해 주십시오.

3.
우리 기도를 헛되게 하지 않으실
하나님의 사랑을 확신하기에
미리 감사하고 찬송합니다.
하나님 영광 받으소서!

14편
어리석은 자의 초상화

#어리석음 #부패 #선 #구원 #가난 #피난처

[인도자를 따라, 다윗의]

어리석은 자의 특징 – 하나님을 찾지 않고 악을 행함
1 어리석은 자는 속으로

 '하나님이 없다' 말하네

 그들은 타락하여 몹쓸 짓을 일삼고

 선을 행하는 자가 없네
2 여호와께서 하늘에서

 인생들을 내려다보시며

 하나님을 찾는

 지혜로운 사람이 있는지 살피시네
3 모두 빗나가고

 한결같이 부패하여

 선을 행하는 자가 없네

 하나도 없네

어리석은 자의 종말

4 죄악을 행하는 자들은 다 무지한가?

저들은 떡 먹듯이 내 백성을 먹고

여호와는 부르지도 않네

5 거기서 그들이 겁에 질리게 될 것은

하나님이 의인들의 세대 가운데 계시기 때문이네

6 너희가 가난한 자의 계획을 부끄럽게 만들어도

오직 여호와는 그의 피난처이시네

이스라엘의 구원에 대한 소망

7 이스라엘의 구원이 시온에서 나오길!

여호와가 자기 백성의 운명을 회복시키실 때

야곱이 즐거워하고 이스라엘이 기뻐하기를!

묵상과 기도

1.
하나님이 없는 것처럼 자신의 악한 욕심과 이익을 따라
행하는 교만하고 어리석은 자가 되지 않게 해 주십시오.

2.
악한 자들이 의인들을 괴롭히고 착취하는 상황에서도
하나님이 의인들 편에 계심을 확신하게 해 주십시오.

3.
하나님이 안 계신 것처럼 행동하는 악하고 부패한 악인들의
공격에서 고난받는 의인들과 교회를 구원해 주십시오.
온 교회가 하나님의 구원을 기뻐하게 해 주십시오.

하나님 나라 왕
다윗의
간구, 확신, 찬양
15-24편

15편
하나님의 장막에 거할 자

#예배 #성산 #정직 #진실 #이웃사랑 #돈

[다윗의 시]

질문: 하나님의 성소에서 예배할 수 있는 사람
1 여호와여, 누가 주의 장막에 머무를 수 있겠습니까?
　　　　　누가 주의 거룩한 산에 머물 수 있겠습니까?

대답: 하나님을 예배하는 자들의 덕목들
2 정직을 행하는 사람

　의를 실천하는 사람

　마음으로 진실을 말하는 사람

3 자신의 혀로 비방하지 않는 사람

　친구에게 나쁜 짓을 하지 않는 사람

　이웃에게 모욕을 주지 않는 사람

4 가증스러운 사람을 경멸하는 사람

　그러나 여호와를 경외하는 사람을 존중하는 사람

　맹세한 것은 손해가 되어도 깨뜨리지 않는 사람

5 이자 받으려고 자기 돈을 빌려주지 않는 사람

　무고한 사람 해치는 뇌물을 받지 않는 사람

하나님 예배자들의 영원한 안전 약속
　이렇게 행하는 사람은

　영원히 흔들리지 않으리라

묵상과 기도

1.
높고 거룩하신 하나님을 예배하는 자로
살게 해 주셔서 감사합니다.
영원한 예배를 꿈꾸며 살게 해 주십시오.

2.
예배를 통해 순종으로 나아가겠습니다.
하나님이 우리에게 하시듯이,
하나님을 경외하듯이 이웃을 사랑하겠습니다.

3.
손해 보더라도 정직하게 해 주시고,
부당한 이익은 멀리하게 해 주십시오.

16편
하나님 앞에 사는 환희

#주님 #기업 #교훈 #기쁨 #영생 #스올

[다윗의 믹담]

보호를 요청하는 기도
1 하나님, 나를 지켜 주십시오

　내가 주께로 피합니다

참 주님 여호와만 섬기겠다는 헌신 고백
2 내가 여호와께 고백합니다

　"주*는 나의 주님**이시기에

　주밖에 나의 행복이 없습니다"
3 땅에 있는 거룩한 사람들로 말하면

　그들은 존귀한 자들로 내 모든 기쁨이 그들에게 있습니다

---

* 2인칭

** 히. *아도나이*

4 다른 신을 좇아가는 자들에게
괴로움이 더할 것이기에
나는 그들에게 피의 전제를 부어드리지 않고
그들의 이름조차 내 입술에 올리지 않겠습니다

우리 기업이신 여호와에 대한 고백
5 여호와께서 내 소유의 몫과 내 잔의 몫이며
주께서 내 기업을 붙드십니다
6 내 경계의 줄들이 기름진 곳에 있고
참으로 내게 아름다운 유산이 있습니다

여호와의 가르치심과 보호에 대한 찬양
7 나를 가르치시는 여호와를 내가 송축하네
참으로 밤 동안에도 내 마음이 나를 깨우치네
8 내가 여호와를 항상 내 앞에 모시네
그가 내 오른쪽에 계셔서 내가 흔들리지 않네

죽음에서 보호하시는 주님이 주시는 기쁨

9 이러므로 내 마음이 기뻐하고

　내 존재가 즐거워합니다

　참으로 내 몸이 안전하게 삽니다

10 이는 주께서 내 영혼을 스올에 버리지 않으시고

　주의 성도가 무덤을 보도록 내어 주지 않을 것이기 때문입니다

11 주께서 내게 생명의 길을 알게 하십니다

　주의 앞에는 기쁨이 넘치고

　주의 오른쪽에는 환희가 언제까지나 있습니다

묵상과 기도

1.
주위 사람들이 다른 곳에서 복을 찾습니다.
그러나 오직 하나님만이 복이며 기업이십니다.
세상의 복을 구하기보다 하나님이 주시는
풍성한 삶을 누리게 해 주십시오.

2.
참된 진리와 지혜가 하나님께 있습니다.
특별히 길과 진리와 생명 되신 예수님이 인도하시는 생명의
길을 걸어가게 해 주십시오.

3.
죽음의 세력이 우리를 위협해도 주님께서 주시는
부활의 생명, 삼위 하나님과의 교제를
영원히 누리게 해 주십시오.

17편
의롭다 함을 받게 하소서

#결백 #판결 #눈동자 #보호 #악인 #만족

[다윗의 기도]

의로운 판결을 구하는 기도

1 여호와여, 의의 호소를 들어 주십시오
　내 부르짖음에 주의해 주십시오
　거짓 없는 입술에서 나오는
　내 기도에 귀 기울여 주십시오
2 주 앞에서 나에 대한 무죄 판결이 나오게 해 주십시오
　주의 눈으로 옳은 것을 살펴봐 주십시오
3 주께서 내 마음을 시험해 보시고
　밤에 나를 조사하시고 검사하셔도
　아무 잘못도 찾지 못하실 것입니다
　내가 입으로 범죄 하지 않기로 결심했습니다
4 사람의 행위에 대해 말하자면
　정말 나는 주의 입술의 말씀을 따라
　포악한 사람들의 길을 삼갔습니다

5 내 발걸음이 주의 길을 굳게 붙들어

　　내 발이 넘어지지 않았습니다

원수들로부터의 구원 간구

6 하나님, 주께서 내게 응답하실 것이기에

　　내가 주를 부릅니다

　　내게 주의 귀를 기울여 주십시오

　　내 말을 들어 주십시오

7 대적들로부터 (주께) 피한 자들을 오른손으로 구원하시는 주여!

　　주의 놀라운 사랑을 베풀어 주십시오

8 (주의) 눈동자처럼 나를 지켜 주십시오

　　주의 날개 그늘에 나를 숨겨 주십시오

9 나를 멸하려고 하는 악인들로부터!

　　나를 둘러싸고 목숨을 노리는 원수들로부터!

악한 원수들에 대한 고발

10 그들은 자신들을 기름으로 두르고

　　자신들의 입으로 교만하게 말합니다

11 이제 그들이 우리들의 발걸음을 에워싸고

　　땅에 넘어뜨리려 눈으로 노려봅니다

12 그는 찢을 것을 간절히 찾는 사자와 같고

　　은밀한 곳에 엎드린 젊은 사자 같습니다

원수들로부터의 구원 간구
13 여호와여, 일어나십시오

　　그를 대면하셔서 굴복시켜 주십시오

　　주의 칼로 내 영혼을

　　악인들로부터 구해 주십시오
14 여호와여, 주의 손으로 사람들로부터,

　　평생 세상에서 자신들의 몫을 얻는 사람들로부터 (구해 주
십시오)

　　주께서 주의 쌓으신 것으로 그들의 배를 채우시니

　　그들의 자녀들도 만족하며

　　그들이 남은 것을 자기 아이들에게 남겨 줍니다

의로운 판결과 구원에 대한 확신
15 나는 의롭다 함을 받은 가운데 주의 얼굴을 뵐 것입니다

　　내가 깨어날 때 주의 형상으로 만족할 것입니다

묵상과 기도

1.
악인들이 사나운 사자처럼 의를 구하는 성도를 모함하며
약탈하고 넘어뜨리려 합니다. 하나님께 피합니다.
하나님의 눈동자처럼 주의 날개 아래 지켜 주십시오.

2.
의로운 재판장이신 하나님, 예수님 안에서 저를 의롭다
하셨고, 제가 의롭게 살고자 하였으니 악인들로부터
구해 주셔서 저의 의로움을 변호해 주십시오.

3.
하나님의 응답으로 하나님의 의가 이루어질 때,
하나님의 얼굴을 보며 참된 만족을 누릴 것입니다.

18편
다윗 왕조를 세우신 하나님 찬양

#반석 #사망 #의의 상 #전쟁 #승리 #메시야

[인도자를 따라, 여호와의 종 다윗이, 여호와가 그(다윗)를 그 모든 원수의 손아귀와 사울의 손에서 건져주신 날에 이 노래의 말로 여호와께 아룀. 1. 그는 이렇게 말했다]

서론적 찬양: 구원의 하나님 찬양
1 나의 힘이신 여호와여, 내가 주를 사랑합니다
2 여호와는 내 바위, 내 요새, 나를 구하시는 분이시며
   내 하나님, 내가 피할 내 반석이시며
   내 방패, 내 구원의 뿔, 내 산성이시네
3 찬양받기에 합당하신 분 여호와를 내가 불렀고
   내가 내 원수들에게서 구원받았네

고난 중의 기도를 들으신 하나님
4 사망의 줄들이 나를 휘감고
   멸망의 물살이 나를 두렵게 했네

5 스올의 줄들이 나를 얽어매고
   죽음의 올가미가 나를 덮쳤네
6 내가 환란 중에 여호와를 불렀고
   내 하나님께 부르짖었네
   그가 그의 성전에서 내 소리를 들으셨고
   그를 향한 내 부르짖음이 그의 귀에 이르렀네

우주적인 무기로 원수를 무찌르신 하나님
7 땅이 진동하고 흔들리며
   산들의 기초들도 떨렸네
   그가 진노하셨기에 그것들이 진동했네
8 그의 코에서는 연기가 올라가고
   그의 입에서는 삼키는 불이 나오니
   그 앞에서 숯불이 타올랐네
9 그가 하늘을 드리우시고 내려오시니
   캄캄한 구름이 그의 발아래 있었네
10 그가 그룹을 타고 나셨고
   바람 날개들 위에서 나셨네

11 그가 어둠을 덮개로,

　　물 머금은 먹구름과 짙은 구름을

　　자신을 두르는 장막으로 삼으셨네

12 그 앞의 광채로부터

　　우박과 불붙는 숯불이 그의 짙은 구름을 뚫고 나왔네

13 여호와께서 하늘에 천둥 치게 하시고

　　지존하신 분이 그의 목소리를 발하셨네

　　우박과 불붙는 숯불을 (내셨네)!

14 그의 화살들을 날려 그들을 흩으시고

　　번개를 번쩍이셔서 그들을 어지럽게 하셨네

15 여호와여, 주의 꾸짖음과

　　주의 내뿜는 콧김으로 말미암아

　　물밑이 드러나고

　　세상의 기초들이 나타났습니다

원수들에게서 다윗을 구원하신 하나님

16 그가 높은 곳에서 (손을) 내밀어 나를 붙드시고

　　많은 물로부터 나를 건져 내셨네

17 그가 나를 강한 내 원수들로부터,

　　나보다 더 힘센, 나를 미워하는 자들로부터 건지셨네

18 내 재앙의 날에 그들이 나를 덮쳤지만

　　여호와께서 나의 의지가 되셨네

19 나를 넓은 곳으로 이끌어 내시고

　　나를 기뻐하시므로 나를 구해 주셨네

다윗의 의를 따라 보상하신 하나님

20 여호와께서 내 의를 따라 내게 보상하시고

　　내 손의 깨끗함을 따라 내게 갚으셨네

21 내가 여호와의 길들을 지켰고

　　악하게 내 하나님을 떠나지 않았기 때문이네

22 그의 모든 법규가 내 앞에 있었고

　　그의 규정들을 내게서 떠나지 않도록 했기 때문이네

23 또한 내가 그 앞에서 온전하였고

　　나 자신을 죄악으로부터 지켰기 때문이네

24 그래서 여호와께서 내 의를 따라,

　　그의 눈앞에서 내 손의 깨끗함을 따라 갚으셨네

하늘 왕의 의로운 통치를 통한 승리

25 주께서는 신실한 자들에게는 신실하게 행하시고

　　온전한 자에게는 온전하게 행하십니다

26 깨끗한 자에게는 주의 깨끗함을 보여주시고

　　구부러진 자에게는 뒤틀리게 하십니다

27 참으로 주께서는 곤고한 백성은 구원하시고

　　교만한 눈들은 낮추십니다

28 참으로 주께서 내 등불을 켜시고

　　여호와 내 하나님이 내 어둠을 밝혀 주십니다

29 참으로 내가 주를 의지하고 군대를 향해 달릴 수 있고

　　내 하나님을 의지하고 담을 뛰어넘을 수 있습니다

다윗의 전쟁을 지도하신 하나님

30 이 하나님, 그의 길은 온전하고

　　여호와의 말씀은 순수하며

　　그는 자신에게 피하는 모든 자의 방패시네

31 참으로 여호와 외에 누가 하나님이며

　　우리 하나님 외에 누가 반석이신가!

32 이 하나님이 내게 힘으로 무장시켜 주셨고

　　내 길을 완전하게 만드셨네

33 내 발들을 사슴 발처럼 만드셨고

　　나를 높은 곳에 서게 하셨네

34 전쟁하도록 내 손을 훈련하셔서

　내 팔들이 놋 활을 당겼네

35 또 주께서 주의 구원의 방패를 내게 주셨고

　주의 오른손이 나를 붙들었으며

　주의 겸손하심이 나를 위대하게 만드셨습니다

36 주께서 내 걸음을 위해 길을 넓게 하셔서

　내 발이 흔들리지 않았습니다

　하나님의 도움으로 원수들을 무찌른 다윗

37 내가 내 원수들을 뒤쫓아 가서 따라잡았고

　그들을 전멸시키기까지 돌아서지 않았습니다

38 내가 그들을 쳐서 그들이 일어나지 못했고

　그들이 내 발아래 쓰러졌습니다

39 이것은 주께서 전쟁하도록 나를 힘으로 무장시키셨고

　나를 대항한 자들을 내 아래에 굴복시키신 덕분입니다

40 또 주께서 내 원수들이 내게 등을 돌리도록 하셨기에

　내가 나를 미워하는 자들을 멸할 수 있었습니다

41 그들이 부르짖어도 구원할 자가 없었고

　여호와께 (부르짖어도) 그는 그들에게 대답하지 않으셨습니다

42 그래서 내가 그들을 바람에 날아가는 먼지처럼 부수었고
거리의 흙처럼 쏟아버렸습니다

다윗을 열방의 우두머리 되게 하신 하나님
43 주께서 나를 백성들과의 싸움에서 구하셔서
나라들의 머리로 삼으셨기에
내가 알지 못하는 백성이 나를 섬깁니다
44 그들이 내 소문을 듣자마자 내게 순종하며
다른 나라 백성들이 내게 굽실거립니다
45 다른 나라 백성들이 사기를 잃고
자신들의 요새로부터 떨며 나옵니다

결론적 송영: 다윗 왕조를 세우신 하나님
46 여호와는 살아계시네!
내 반석이 송축 받으시길!
내 구원의 하나님이 높임 받으시길!
47 이 하나님이 나를 위해 보복해 주셨고
민족들이 내 아래 복종하게 하셨네

48 주는 내 원수들에게서 나를 구하셨고

참으로 나를 대항하는 자들 위에 나를 높이셨으며

포악한 자에게서 나를 건지셨습니다

49 여호와여, 이러므로 내가 나라들 가운데서 주께 감사드리며

주의 이름을 찬양합니다

50 그는 자기 왕에게 위대한 승리를 주시고

그의 기름 부음 받은 자에게 사랑을 베푸시네

다윗과 그의 후손에게 영원히!

묵상과 기도

1.
다윗을 스올처럼 깊은 고난에서 건지시고,
예수님도 죽음의 고통에서 다시 살리셔서
온 세상의 왕 삼으신 구원의 하나님을 찬양합니다.
하나님이 우리의 반석이십니다.

2.
다윗의 승리가 이스라엘에, 예수님의 부활과
승천이 교회에 참된 승리를 보장합니다.
왕이신 주님의 승리 안에 우리의
최후 승리가 있음을 믿습니다.

3.
다윗처럼 주님처럼 철저히 성령의 가르침과 도우심을
의지하여 하나님 나라의 싸움을 싸우게 해 주십시오.

19편
하늘과 말씀에 나타난 하나님 영광

#하늘 #영광 #태양 #말씀 #회복 #지혜

[인도자를 따라, 다윗의 시]

하늘과 해가 선포하는 하나님의 영광
1 하늘들이 하나님의 영광을 전하고

 하늘이 그의 손이 만드신 것들을 알리네

2 낮은 낮에게 말을 쏟아 내고

 밤은 밤에게 지식을 전하네

3 말들도 없고 이야기도 없으며

 그들(하늘)의 소리도 들리지 않지만

4 그들의 소리 온 땅에 미치고

 그들의 말 세상 끝까지 (미치네)

 그가 해를 위하여 그들 가운데 장막을 치셨네

5 그것(해)은 신방에서 나오는 신랑 같고

 자기 길을 달리기 기뻐하는 용사 같네

6 하늘 한쪽 끝에서 나와

 다른 끝으로 운행하니

 아무것도 그 열기 피할 수 없네

여호와의 말씀이 말하는 하나님의 영광
7 여호와의 율법은 온전하여 영혼을 되살리네

　여호와의 증거는 확실하여 무지한 사람을 지혜롭게 하네
8 여호와의 교훈들은 정직하여 마음을 기쁘게 하네

　여호와의 계명은 깨끗하여 눈을 밝게 하네
9 여호와 경외는 순결하여 영원까지 이르네

　여호와의 법규는 진실하여 한결같이 의롭네
10 금이나 많은 순금보다 더 흠모할 만하며

　꿀이나 꿀방울보다 더 다네

여호와의 말씀대로 살기를 기도함
11 주의 종도 이것들로 경고를 받고

　이것들을 지켜 많은 상을 받습니다
12 누가 자신의 잘못을 깨달을 수 있겠습니까?

　나를 숨겨진 허물에서 벗어나게 해 주십시오
13 주의 종을 고의적인 죄들로부터도 지켜 주셔서

　그것들이 나를 지배하지 못하게 해 주십시오

　그러면 내가 온전하게 되고

　끔찍한 죄악에서 벗어날 것입니다

여호와께 드리는 시인의 말
14 내 반석 내 구속자 여호와여,
　　내 입의 말과 내 마음의 묵상이
　　주 앞에 기쁨이 되길 원합니다

묵상과 기도

1.
하늘과 해가 매 순간 전시하는
하나님의 영광을 바라보며 햇살처럼 만물을 돌보시는
창조주 하나님만 의지하겠습니다.

2.
창조주의 말씀이 우리를 살리고 삶을 풍성하게 합니다.
그 말씀을 사모하여 죄에서 벗어나 온전해지길 간구합니다.

3.
말씀으로 오신 예수 그리스도와 말씀으로 인도하시는
성령님을 의지하여 예비하신 은혜를 누리기 원합니다.

20편
왕의 승리를 구하는 기도

#왕 #그리스도 #전쟁 #승리 #무기 #기도응답

[인도자를 따라, 다윗의 시]

왕을 향하여 백성들이 승리를 기원함
1 여호와께서 환난 날에 당신*에게 응답하시고

 야곱의 하나님의 이름이 당신*을 지키시길 바랍니다
2 그가 성소에서 당신*에게 도움을 보내시고

 그가 시온에서 당신*을 붙드시길 바랍니다
3 그가 당신*의 모든 소제를 기억하시고

 그가 당신*의 번제를 받으시길 바랍니다 (셀라)
4 그가 당신*의 마음의 소원대로 주시고

 그가 당신*의 모든 계획을 이루시길 바랍니다
5 우리가 당신*의 승리를 소리쳐 환호하며

 우리 하나님 이름으로 깃발을 세우게 하시길 바랍니다

 여호와께서 당신*의 모든 바람을 이루시길 바랍니다

---

*기름 부음 받은 왕을 뜻한다.

하나님의 기도 응답에 대한 확신과 신뢰
6 이제 나는 여호와께서 자기 기름 부은 자에게 승리를 주시고

 그의 오른손의 강력한 승리로

 그의 거룩한 하늘에서 그에게 응답하실 줄 압니다
7 어떤 이들은 병거를, 어떤 이들은 말들을 (의지하지만)

 우리는 여호와 우리 하나님의 이름을 의지합니다
8 그들은 쓰러지고 넘어지지만

 우리는 일어나 바로 섭니다

여호와를 향하여 백성들이 왕의 승리를 기도함
9 **여호와여, 왕에게 승리를 주십시오**

 우리가 부르는 날에 우리에게 응답해 주십시오.

묵상과 기도

1.
구약 성도들이 왕의 승리를 위해 기도한 것을
우리 왕 예수 그리스도의 십자가와 부활 안에서
온전히 이루신 하나님을 찬양합니다.

2.
우리 주 예수 그리스도의 승리가 죄와 사탄의 세력과
싸우는 하나님 나라 백성의 승리가 되게 해 주십시오.

3.
주님이 다시 오셔서 모든 정사와 권세와 능력을
멸하시기까지 교회를 위한
그리스도의 승리를 늘 간구하겠습니다.

21편
왕의 승리, 왕의 영광

#왕 #승리 #영광 #은사 #최후 #능력

[인도자를 따라, 다윗의 시]

승리 주신 여호와의 능력에 대한 왕의 찬양
1 여호와여, 왕이 주의 힘으로 말미암아 기뻐합니다

　주의 승리로 말미암아 그가 얼마나 즐거워하는지요!

여호와가 왕에게 베푸신 승리와 복에 대한 감사
2 주께서 그의 마음의 소원대로 주셨으며

　그의 입술의 요청을 거절하지 않으셨습니다 (셀라)
3 참으로 주께서 풍성한 복으로 그를 영접하시고

　순금 왕관을 그의 머리에 씌워 주셨습니다
4 그가 주께 생명을 구했을 때

　주께서 그에게 주시되

　영원한 장수를 (주셨습니다)
5 주의 승리로 말미암아 그의 영광이 큽니다

　주께서 존귀와 위엄을 그의 위에 두십니다

6 참으로 주께서 그에게 영원히 복을 주시고

　　주 앞에서 그로 기쁨을 누리게 하십니다

여호와를 의지하는 왕의 안전 확신
7 왕이 여호와를 의지하기에

　　그가 지존하신 분의 인자하심으로 요동하지 않을 것입니다

미래에 왕이 누릴 승리에 대한 백성들의 축복
8 당신*의 손이 당신*의 모든 원수를 찾아낼 것입니다

　　당신*의 오른손이 당신*을 미워하는 자들을 찾아낼 것입니다

9 당신*이 나타나실 때 그들을 불타는 가마처럼 만드실 것입니다

　　여호와께서 진노로 그들을 삼키시고

　　불이 그들을 소멸할 것입니다

10 당신*이 그들의 후손을 땅에서 멸하시고

　　그들의 자손을 인생 중에서 (멸하실 것입니다)

11 그들이 당신*을 해치려 하고

　　음모를 꾸며도

　　이루지 못할 것입니다

---

*기름 부음 받은 왕을 뜻한다.

12 오히려 당신*이 그들로 도망가게 하실 것입니다

　그들의 얼굴을 향해 당신*의 활시위를 당기실 것입니다

승리 주시는 여호와의 능력에 대한 백성들의 찬양
13 여호와여, 주의 힘으로 말미암아 높임을 받으십시오

　우리가 주의 능력을 노래하고 찬양할 것입니다

묵상과 기도

1.
그리스도 우리 왕에게 죄의 형벌과 죽음에서 이기는
승리를 주신 아버지 하나님의 능력을 찬양합니다.

2.
왕의 승리로 백성이 풍성하듯, 승리하신 그리스도께서
교회에 주신 생명과 복과 성령의 은사가 풍성합니다.
이 승리의 복, 성령의 능력으로 교회가
잘 무장하게 해 주십시오.

3.
승리하신 그리스도께서 교회를 위해
앞으로도 승리하실 것을 믿으며
최후의 완전한 승리를 소망합니다.

22편
하나님 나라 왕의 탄식과 찬양

#무응답 #절규 #의지 #원수 #찬송 #통치

[인도자를 따라, 아앨렛 샤할에 맞춰, 다윗의 시]

멀리 계신 것 같은 하나님에 대한 탄식
1 나의 하나님, 나의 하나님, 왜 저를 버리셨습니까?
   (왜) 나를 구원하심과 내 신음에서 멀리 계십니까?
2 나의 하나님, 내가 낮에도 부르짖고
   -그래도 주는 응답하지 않으십니다-
   내가 밤에도 잠잠하지 않습니다

이스라엘을 구원하신 하나님에 대한 신뢰
3 그래도 주는 거룩하시며
   이스라엘의 찬송 중에 좌정하고 계십니다
4 우리 조상들이 주를 의지했습니다
   그들은 의지했고 주는 그들을 구하셨습니다
5 그들이 주께 부르짖어 건짐을 받았습니다
   그들이 주를 의지하여 수치를 당하지 않았습니다

동료 백성의 비방과 조롱에 대한 탄식
6 그런데 나는 벌레고 사람이 아닙니다

　사람의 비방거리고 백성의 조롱거리입니다

7 나를 보는 사람마다 나를 비웃고

　입술을 비쭉거리고

　머리를 흔듭니다

8 "여호와께 의탁하니 그를 구해 주실 걸

　그를 기뻐하신다니 건져 주실 걸" 합니다

평생 의지가 되셨던 하나님에 대한 신뢰
9 그래도 주는 나를 모태에서 나오게 하셨고

　내 어머니 품에서부터 (주를) 의지하게 하셨습니다

10 내가 날 때부터 주께 맡겨졌고

　모태에서부터 주는 나의 하나님이셨습니다

멀리 계시지 말아달라는 간구
11 나를 멀리하지 마십시오

　환난이 가까이 있기 때문입니다

　도와줄 사람이 없기 때문입니다

대적들의 공격과 엄청난 고통에 대한 탄식
12 많은 황소가 나를 에워쌌습니다

　바산의 힘센 소들이 나를 둘러쌌습니다

13 그들이 나를 향해 그들의 입을 넓게 벌립니다

　찢고 포효하는 사자처럼 말입니다

14 나는 물처럼 쏟아졌고

　내 뼈가 다 어그러졌으며

　내 마음은 초처럼 되어

　내 안에서 녹아내립니다

15 내 힘이 질그릇 조각처럼 마르고

　내 혀는 입천장에 붙습니다

　주께서 나를 죽음의 진토 속에 눕게 하십니다

16 개들이 나를 에워쌌으며

　 악한 무리가 나를 둘러싸

　 내 손발을 찔렀기 때문입니다

17 내가 내 모든 뼈를 셀 수 있습니다

　 그들이 나를 주목하고 흡족하게 내려다봅니다

18 그들이 내 겉옷을 나눠 가지며

　 내 옷을 놓고 제비 뽑습니다

멀리 계시지 말고 구해 달라는 간구

19 그래도 여호와여, 주는 멀리하지 마십시오

　 나의 힘이시여, 속히 나를 도와 주십시오

20 내 생명을 칼에서 건져 주십시오

　 하나밖에 없는 내 목숨을 개의 손아귀에서 (건져 주십시오)

21 나를 사자의 입에서 구원해 주시고

　 들소의 뿔에서 나를 구해 주십시오

찬양의 맹세 1: 이스라엘 회중에게

(맹세)

22 내가 주의 이름을 형제들에게 선포하겠습니다

　회중 가운데서 주를 찬양하겠습니다

(찬양의 내용)

23 "여호와를 경외하는 이들이여, 그를 찬양하라

　야곱의 모든 자손이여, 그에게 영광을 돌리라

　이스라엘의 모든 자손이여, 그를 경외하라

24 그는 곤고한 자의 고통을 조롱하거나 싫어하지 않으시고

　자신의 얼굴을 그에게 숨기지도 않으시고

　그가 자신에게 울부짖을 때 들으시기 때문이네"

찬양의 맹세 2: 큰 회중 가운데서

(맹세)

25 큰 회중 가운데서 (부를) 내 찬송이 주에게서 나옵니다

　내가 주를 경외하는 자들 앞에서 내 서원을 지키겠습니다

(찬양의 내용)

26 "비천한 자들은 먹고 배부를 것이며

　여호와를 찾는 사람들은 그를 찬양하리라

　너희 마음은 영원히 살기를!"

모든 나라와 백성의 찬양
27 땅의 모든 끝이 기억하고 여호와께로 돌아오며

   모든 나라 족속들이 주 앞에서 경배하리라

28 왕권은 여호와의 것이며

   그는 나라들 가운데서 다스리시기 때문이네

29 세상의 모든 부유한 자도 먹고 경배할 것이며

   진토로 내려가는 모든 사람,

   곧 자기 목숨을 살리지 못하는 자도 그 앞에 절하리라

후손들의 찬양
30 후손이 그를 섬기며

   또 자기 다음 세대에게 주님에 대해 선포하리라

31 그들이 와서 그의 의를 전하리라

   태어날 백성에게 그가 이것을 행하셨다고 (전하리라)

묵상과 기도

1.
하나님, 원수들이 비방하고 조롱합니다.
지금 너무나 고통스러운데, 왜 멀리서 보고만 있으십니까?
속히 오셔서 이 고통에서 구해 주십시오.

2.
예수님이 십자가에서 절규하며 영혼을 아버지께 맡기셨고
하나님이 부활로 응답하셨음을 기억합니다.
주님처럼 고통 속에서도 하나님만 의지하고
부르짖겠습니다.

3.
기도에 응답하셔서 탄식을 찬양으로 바꾸시는 하나님의
의로운 왕권을 형제들에게, 이웃들에게 선포하겠습니다.

23편
부족함 없는 인도,
넘치는 환대

#목자 #인도하심 #함께하심 #잔칫상 #환대 #주의집

[다윗의 시]

목자 여호와의 부족함 없는 인도하심
1 **여호와는 나의 목자**

　내게 부족함 없네
2 **그가 나를 푸른 풀밭에 누이시며**

　쉴만한 물가로 인도하시네

목자 여호와가 생명과 의의 길로 인도하심
3 **그가 내 영혼을 회복시키시네**

　자기 이름을 위하여 의의 길로 인도하시네

목자 여호와가 언제나 함께하심
4 내가 죽음처럼 어두운 골짜기로 다닐지라도

　해를 두려워하지 않는 것은

　주께서 나와 함께하시고

　주의 지팡이와 막대기가 나를 안위하기 때문입니다

집주인이신 여호와의 넘치는 환대
5 주께서 내 원수들의 목전에서 내게 상을 차려 주시고

　기름을 내 머리에 부으십니다

　내 잔이 넘쳐납니다
6 참으로 선하심과 인자하심이 평생 나를 따를 것이며

　내가 여호와의 집에 영원히 살리라

묵상과 기도

1.
이 세상 어디에서 만족함을 누릴 수 있겠습니까?
하나님께서 친히 목자 되시고
넘치게 환대해 주시니 감사합니다.

2.
우리를 위해 목숨까지 버리시고 부족함 없이 인도하시는
선한 목자 예수님과 함께하시는 성령님을 따라
늘 의의 길을 걷게 해 주십시오.

3.
예배와 성찬을 통해 풍성한 하나님의 환대를 누리며
아버지 집에서 하나님 나라를
영원히 누릴 날을 소망합니다.

24편
영광의 왕이 들어가신다

#창조주 #성소 #예배자 #의 #문 #왕

[다윗의 시]

여호와가 창조하신 하나님 나라 영토
1 땅과 그 안에 있는 모든 것이 여호와의 것이며
　세계와 그 안에 사는 것들도 (여호와의 것이네)
2 그가 바다 위에 그것의 기초를 놓으셨고
　강들 위에 그것을 건설하셨기 때문이네

여호와를 왕으로 예배하는 하나님 나라 백성
3 여호와의 산에 오를 자 누구인가?
　그의 거룩한 곳에 설 자 누구인가?
4 손이 깨끗하고
　마음이 청결한 사람
　자신의 영혼을 헛된 것에 두지 않고
　거짓으로 맹세하지 않는 사람

5 그는 여호와에게서 복을 받고
  그의 구원자 하나님께 의를 인정받으리
6 이런 자는 그를 찾는 세대
  야곱의 하나님 얼굴을 구하는 자들 (셀라)

보좌에 좌정하시는 하나님 나라 왕
7 문들아, 너희 머리를 들어라
  영원한 문들아, 들려라
  영광의 왕이 들어가시도록!
8 이 영광의 왕이 누구신가?
  힘세고 강하신 여호와
  전쟁에 강하신 여호와
9 문들아, 너희 머리를 들어라
  영원한 문들아, 들어라
  영광의 왕이 들어가시도록!
10 이 영광의 왕, 그는 누구신가?
  만군의 여호와, 그가 영광의 왕 (셀라)

묵상과 기도

1.
온 세상을 하나님 나라로 창조하신
삼위일체, 왕이신 하나님을
언제나 뜨겁게 환호하며 찬양하기 원합니다.

2.
교회의 예배를 통해 하나님의 백성인 우리와 함께하셔서
의의 말씀을 가르치시고 복을 주시는 하나님을 찬양합니다.

3.
하나님 나라 왕을 예배하는 자답게 성령으로 충만하여
하나님께서 맡기신 가정과 교회와 세상을
거룩한 나라로 변화시키게 해 주십시오.

성소에서 올리는
다윗의 간구와
찬양
25-33편

25편
은혜의 왕, 진리의 교사

#수치 #주의 길 #인자하심 #교훈 #진리 #용서

[다윗의]

고난과 원수들로부터의 구원 간구
(알렙 א)
1 여호와여, 주께로 내 영혼을 듭니다 2 나의 하나님,
(베트 ב)
   내가 주를 의지하니 내가 수치를 당하지 않게 해 주십시오

   나의 원수들이 내게 대해 승리를 뽐내지 말게 해 주십시오
(김멜 ג)
3 정말로 주를 바라는 자들은 수치 당하지 않기를 바랍니다

   까닭 없이 속이는 자들은 수치 당하기를 바랍니다

여호와의 길로의 인도, 구원, 용서 간구
(달렛 ד)
4 여호와여, 주의 길을 내게 알려 주십시오

   주의 길들을 내게 가르쳐 주십시오

(헤 ה)
5 나를 주의 진리로 인도하시고 나를 가르쳐 주십시오

　주는 내 구원의 하나님이셔서

　내가 주를 종일 바랍니다
(자인 ז)
6 여호와여, 오래전부터 있었던

　주의 긍휼하심과 인자하심을 기억해 주십시오
(헤트 ח)
7 내 젊은 시절의 죄들과 허물들은 기억하지 마십시오

　여호와여, 주의 인자하심을 따라, 주의 선하심으로 말미암아

　주는 나를 기억해 주십시오

여호와의 길로의 인도와 구원 확신
(테트 ט)
8 여호와는 선하시고 올바르시네

　그래서 죄인들에게 길을 교훈하시네
(요드 י)
9 곤고한 자들을 정의로 인도하시고

　곤고한 자들에게 그의 길을 가르치시네
(카프 כ)
10 그의 언약과 증거들을 지키는 자들에게

　여호와의 모든 길은 인자하심과 신실하심이네

용서를 구하는 기도
(라멧 ל)
11 여호와여, 주의 이름으로 말미암아

 내 죄악이 클지라도 용서해 주십시오

여호와의 길로의 인도, 구원, 복에 대한 확신
(멤 מ)
12 누가 과연 여호와를 경외하는 사람인가?

 여호와(그)가 택할 길을 그에게 교훈하시리라
(눈 נ)
13 그의 영혼은 행복하게 보내며

 그의 후손은 땅을 상속하리라
(싸멕 ס)
14 여호와의 비밀이 그를 경외하는 자들에게 있고

 그의 언약을 그들에게 알게 하시네
(아인 ע)
15 내 두 눈이 항상 여호와를 향하네

 그가 내 두 발을 그물에서 벗어나게 하실 것이기에

고난에서의 구원과 용서에 대한 간구
(페 פ)
16 내게로 향하셔서 나를 불쌍히 여겨 주십시오

 내가 외롭고 괴롭습니다

(차데 צ)
17 내 마음의 고통이 큽니다

　　나를 나의 고난들로부터 건져 주십시오
(레쉬 ר)
18 내 괴로움과 고통을 봐 주십시오

　　그래서 내 모든 죄를 용서해 주십시오

원수들로부터의 구원과 용서 간구
(레쉬 ר)
19 내 원수들이 얼마나 많은지 봐 주시고

　　그들이 얼마나 나를 극심하게 미워하는지 (봐 주십시오)
(쉰 ש)
20 내 영혼을 지켜 나를 건져 주십시오

　　내가 수치를 당하지 않게 해 주십시오

　　내가 주께로 피하기 때문입니다
(타브 ת)
21 온전함과 올바름이 나를 지키게 해 주십시오

　　내가 주를 바라기 때문입니다
(페 פ)
22 하나님, 모든 고난에서

　　이스라엘을 구속해 주십시오

묵상과 기도

1.
은혜의 왕이신 하나님, 예수 그리스도의 십자가에서
보여주신 하나님의 긍휼과 사랑을 의지하여 기도합니다.
저와 교회의 죄와 허물을 용서해 주십시오.

2.
저에게 임한 하나님의 징계와 고난을 보고 악한 자들이
조롱하고 비난합니다. 저를 회복시켜 주셔서 악인들의
거짓된 정죄에서 건져 주십시오.

3.
진리의 교사이신 하나님의 용서와 구원을 통해
하나님의 올바른 길과 진리를 가르쳐 주십시오.
그 길만 걷겠습니다.

26편
의로운 판결 호소

#판결 #시험 #인자하심 #속량 #주의 집 #온전함

[다윗의]

의로운 판결 간구('온전함')
1 여호와여, 나를 위해 판결해 주십시오
  내가 나의 온전함 가운데 행하였고
  여호와를 믿고
  흔들리지 않았기 때문입니다
2 여호와여, 나를 살피시고 시험해 보십시오
  내 심장과 마음을 검사해 보십시오
3 주의 인자하심이 내 눈앞에 있고
  내가 주의 신실하심 가운데 행했습니다

악인들과 '함께'하지 '않음' 천명
4 나는 속이는 사람들과 함께 앉지 않고
  위선적인 사람들과 함께 다니지 않습니다
5 나는 행악자들의 모임을 싫어하고
  악인들과 함께 앉지 않습니다

주의 집에 대한 사랑 고백
6 내가 무죄함 가운데 내 손을 씻으며

　여호와여, 내가 주의 제단을 두루 돌면서
7 감사의 목소리를 높이고

　주의 모든 놀라운 일들을 말하겠습니다
8 여호와여, 내가 주의 계신 집과

　주의 영광이 머무는 곳을 사랑합니다

악인들과 '함께' 멸하지 '마시길' 간구함
9 내 영혼을 죄인들과 함께,

　내 생명을 살인자들과 함께 거두지 말아 주십시오
10 그들의 두 손에는 음모가 있고

　그들의 오른손에는 뇌물이 가득합니다

의로운 시인의 구원 간구와 확신('온전함')
11 그러나 나는 나의 온전함 가운데 행합니다

　나를 구속하시고 나를 불쌍히 여겨 주십시오
12 내 발이 평탄한 데 섰습니다

　내가 회중 가운데서 여호와를 송축하겠습니다

묵상과 기도

1.
나의 결백을 아시는 하나님,
나를 거짓말로 공격하는 악인들의 공격에서 구해 주셔서
하나님의 의로운 판결을 보여주십시오.

2.
나는 하나님의 인자하심과 신실하심 덕분에
악한 자들의 모임과 불의를 미워합니다.
대신 하나님의 교회를 사랑하고 하나님만 의지합니다.

3.
속히 하나님께 감사하고,
하나님의 구원을 찬송하고 싶습니다.
하나님, 어서 악한 자들에게서 구해 주십시오.

27편
여호와는 나의 빛

#나의 빛 #대적들 #성전 #숨기심 #얼굴 #기다림

[다윗의]

여호와의 구원에 대한 신뢰와 확신
1 여호와는 나의 빛 나의 구원
  내가 누구를 두려워하랴?
  여호와는 내 생명의 요새
  내가 누구를 무서워하랴?
2 악한 자들이 내 살을 먹으려고
  나를 대항해 올 때
  나의 대적들 나의 원수들, 바로 그들이
  비틀거리며 넘어지네
3 군대가 나를 대항해 진을 쳐도
  내 마음은 두려워하지 않으리
  전쟁이 나를 대항해 일어나도
  그 가운데서도 나는 태연하리

성소를 통한 보호, 성소에서의 찬양 확신
4 내가 여호와께 바라는 한 가지

그것을 내가 구하리

그것은 여호와의 집에

평생 살면서

여호와의 아름다우심을 바라보고

그의 성전에서 뜻을 구하는 것

5 환난의 날에

그가 나를 그의 피난처에 감춰 주시리

그의 성막 숨는 곳에 나를 숨기시리

반석 위로 나를 올려 주시리

6 그 때 나를 둘러싼 내 원수들 위에

내 머리가 높이 들리고

내가 그의 성막에서

기뻐 외치며 제사드리고

여호와께 노래하며 찬송을 드리리

환난 중에 여호와의 얼굴을 구하는 간구

7 여호와여, 내가 부르짖는 소리를 들어 주십시오

그리고 나를 불쌍히 여기시고 내게 응답해 주십시오

8 '너희는 내 얼굴을 찾으라' 하셨으니

내 마음이 주께 말합니다

"여호와여, 내가 주의 얼굴을 구합니다

9 주의 얼굴을 내게 숨기지 마십시오

진노 가운데 주의 종을 물리치지 마십시오

주는 나의 도움이 되셨습니다

내 구원의 하나님,

나를 떠나지 마시고 나를 버리지 마십시오

10 내 부모는 나를 버릴지 몰라도

여호와는 나를 받아 주실 것입니다"

대적들의 공격에서 건지시길 간구함

11 **여호와여, 주의 길을 내게 가르쳐 주십시오**

　그리고 나의 적들로 인해

　나를 평탄한 길로 인도해 주십시오

12 나를 내 대적들의 뜻에 내어 주지 마십시오

　거짓 증인들, 악을 토하는 자들이

　나를 대항해 일어났기 때문입니다

여호와의 구원에 대한 확신과 자기 격려

13 나는 분명히 믿었네

　산 자들의 땅에서

　여호와의 선하심을 볼 것을!

14 여호와를 바라라

　마음을 강하고 굳세게 하라

　그리고 여호와를 바라라

묵상과 기도

1.
빛과 생명이신 예수님을 아끼지 않고 내어 주신
하나님이 우리를 위하시기에
어떤 대적도 두려워하지 않게 해 주십시오.

2.
아무리 악하고 강한 원수들이 위협해도
하나님의 집인 교회로 피하여 하나님의 얼굴을 찾으며
굳세게 하나님의 구원을 기다리겠습니다.

3.
사탄의 공격에서 건지시는 빛이신
삼위 하나님의 아름다움을 교회에서
노래하며 찬양하는 것이 평생 소원입니다.

28편
악인들의 행위대로 갚으소서

#무덤 #간구 #구원 #악인 #갚음 #메시야

[다윗의]

기도 응답을 구하는 도입 기도
1 여호와여, 내가 주께 부르짖습니다
   나의 반석이여, 내게 귀를 막지 마십시오
   주께서 내게 잠잠하지 마십시오
   내가 구덩이로 내려가는 자들처럼 되지 않도록!
2 내 간구 소리를 들어 주십시오
   내가 주께 울부짖을 때
   내가 주의 지성소를 향해
   내 두 손을 들 때

악인들에 대한 정의로운 심판 간구

3 악인들과 함께,

 악을 행하는 자들과 함께 나를 끌어내지 마십시오

 그들은 자기 이웃들에게 평화를 말하지만

 그들 마음에는 악독이 있습니다

4 그들이 한 일대로,

 그들의 악한 행실대로 그들에게 갚아 주십시오

 그들의 손이 행한 대로 그들에게 갚아 주십시오

 그들이 마땅히 받을 것을 그들에게 되돌려 주십시오

5 그들은 여호와가 하신 일들과

 그의 손이 행한 것에 주의를 기울이지 않기에

 그가 그들을 파괴하시고

 그들을 다시 세우지 않으시리

기도 응답에 대한 확신과 찬양의 맹세
6 **여호와께서 송축 받으시길!**

　그가 내 간구 소리를 들으시네
7 **여호와는 나의 힘과 나의 방패**

　내 마음이 그를 의지하여 도움을 얻네

　그러므로 내 마음이 크게 기뻐하며

　나의 노래로 그를 찬송하리라

여호와의 백성을 위한 복을 간구함
8 **여호와는 그의 백성에게 힘이 되시며**

　그의 기름 부음 받은 자에게 구원의 요새 되시네
9 **주의 백성을 구원하여 주시고**

　주의 기업에 복을 주십시오

　그들의 목자 되셔서 영원히 그들을 이끌어 주십시오.

묵상과 기도

1.
하나님께로 손을 들고 부르짖습니다.
무덤이 눈앞에 느껴집니다. 속히 응답해 주십시오.

2.
하나님의 교회와 하나님이 지으신 세상을 파괴하는
악독한 자들을 정의롭게 심판하셔서
교회와 세상을 회복시켜 주십시오.

3.
무덤에서 부활하여 우리 구원의 요새가 되신 주님,
교회의 목자 되셔서 주의 성도를 구원하시고
영원히 인도해 주십시오.

29편
온 땅을 제압하는 여호와의 소리

#송영 #소리 #번개 #천둥 #왕 #힘

[다윗의 시]

천상의 송영
1 하나님의 수행원들이여, 여호와께 돌려드려라
　영광과 힘을 여호와께 돌려드려라
2 그의 이름의 영광을 여호와께 돌려드려라
　거룩함의 광채에 싸인 여호와께 경배하여라

물 위에서 힘차게 들리는 여호와의 소리
3 여호와의 소리가 물들 위에 있네
　영광의 하나님이 천둥 치게 하시네
　여호와가 많은 물들 위에 (천둥 치게 하시네)
4 여호와의 소리가 힘차네
　여호와의 소리가 위엄있네

레바논의 산들을 떨게 하는 여호와의 소리
5 여호와의 소리가 백향목을 부러뜨리네

　여호와가 레바논의 백향목을 부수시네
6 레바논을 송아지처럼

　시룐을 들소처럼 뛰게 하시네

번개 치게 하는 여호와의 소리
7 여호와의 소리가 불꽃을 가르네

가데스 광야를 진동시키는 여호와의 소리
8 여호와의 소리가 광야를 진동시키네

　여호와가 가데스 광야를 진동시키시네
9 여호와의 소리가 암사슴을 낙태하게 하고

　　　　숲을 말갛게 드러내네

성전에서 드리는 송영
> 그의 성전에서 그의 모든 것들이 '영광!'이라 외치네

지상의 찬양 - 백성에게 힘을 주시는 왕
10 여호와가 홍수 위에 좌정하시며
> 여호와가 영원히 왕으로 좌정하시네
11 여호와가 자기 백성에게 힘을 주시네
> 여호와가 자기 백성에게 평강으로 복 주시네

묵상과 기도

1.
1. 창조계와 성경에서 들리는 창조주 하나님의
심판의 음성을 듣고 사탄의 세력을 심판하실
하나님을 믿게 해 주십시오.

2.
창조계와 성경에서 들리는 구원의 하나님의 음성을 듣고
항상 악에서 구원하실 하나님을 바라보게 해 주십시오.

3.
십자가에 나타난 심판과 구원의 복음을 듣고
하나님 나라 백성에게 힘과 평강 주시는 왕이신
하나님을 찬양하겠습니다.

30편
진노는 잠깐 은총은 평생

#스올 #징계 #잠깐 #은총 #역전 #감사

[시, 성전 봉헌 노래, 다윗의]

서론적 찬양과 요약적 간증

1 여호와여, 내가 주를 높여 드립니다

　나를 끌어내셔서

　내 원수들이 나를 두고 기뻐하지 못하게 하셨기 때문입니다

2 여호와 나의 하나님, 내가 주께 울부짖었더니

　주께서 나를 고쳐 주셨습니다

3 여호와여, 주께서 내 영혼을 스올에서 끌어올리셨습니다

　구덩이로 내려가는 자들 가운데서 나를 살려 주셨습니다

회중에 대한 찬양 초청과 교훈

4 그의 성도들아, 여호와께 노래하여라

　그의 거룩한 이름에 감사 찬양을 드려라

5 그의 진노는 잠깐이나 그의 은총은 평생이기 때문에!

　저녁에는 울음이 깃들어도 아침에는 환호하게 되리라

여호와의 구원에 대한 상세한 간증

(교만하여 여호와께 징계받음)

6 내가 형통할 때 이렇게 말했었습니다

"나는 영원히 흔들리지 않을 거야"

7 여호와여, 주께서 주의 은총으로 내 산을 굳게 세우셨더니

주의 얼굴을 가리시자 내가 낙담하게 되었습니다

(죽음의 위기에서 여호와께 부르짖음)

8 여호와여, 내가 주께 부르짖고

내가 주님께 이렇게 간구했습니다

9 "내가 구덩이로 내려갈 때 내 피가 무슨 유익이 됩니까?

흙먼지가 주를 찬양하겠습니까? 주의 신실하심을 선포하겠습니까?

10 여호와여, 들어주십시오 나를 불쌍히 여겨주십시오

여호와여, 나를 돕는 분이 되어 주십시오"

(여호와의 놀라운 구원)

11 주께서 내 통곡을 바꿔 내게 춤이 되게 하셨습니다

내 상복을 벗기시고 내게 기쁨을 입혀 주셨습니다

구원의 결과 - 찬양에 대한 맹세

12 그래서 내 영광이 주께 노래하고 잠잠치 않겠습니다

여호와 나의 하나님, 내가 주께 영원히 감사드리겠습니다.

묵상과 기도

1.
산 같은 하나님의 용서와 회복의 은총을 받고 나니
교만했던 저를 징계하셔서 죽음 같은 고통까지
겪게 하신 것도 은혜였음을 고백합니다.

2.
무덤에 내려가야 할 죄인 대신 친히 무덤에 내려가신
그리스도의 놀라운 은총으로, 제게 내려진 모든 징계가
회복되었습니다. 역전시키는 주님의 은총을 찬양합니다.

3.
슬픔을 기쁨 되게 하신 하나님의 역전의 은총을
성도들에게 간증하겠습니다. 은총으로 징계의 고통을
잊게 하시는 하나님을 자랑하겠습니다.

31편
나의 영을 하나님 손에 맡깁니다

#피난처 #의지 #고통 #비방 #원수 #은혜

[인도자를 따라, 다윗의 시]

도입 기도: 피난처이신 여호와의 구원 간구
1 여호와여, 내가 주께 피합니다

　나로 영원히 수치를 당하지 않게 해 주십시오

　주의 의로우심으로 나를 건져 주십시오

2 내게 주의 귀를 기울여 주십시오

　속히 나를 구해 주십시오

　내게 피난처인 반석,

　나를 구원하는 견고한 요새가 되어 주십시오

3 주는 나의 바위와 요새이시니

　주의 이름을 위해서

　나를 이끄시고 인도해 주십시오

4 그들이 나를 잡으려 몰래 친

　그물에서 나를 빼내 주십시오

　주는 나의 피난처이시기 때문입니다

5 내가 내 영을 주의 손에 맡깁니다

　신실하신 하나님 여호와여, 나를 구속해 주십시오

하나님의 구원의 사랑에 대한 신뢰와 확신
6 내가 헛된 우상들을 의지하는 자들을 미워합니다

　반대로 나는 여호와를 믿습니다

7 내가 주의 인자하심을 즐거워하고 기뻐할 것입니다

　주께서 나의 고난을 보셨고

　주께서 내 영혼의 고통을 아셨기 때문입니다

8 나를 원수의 손아귀에 넘기지 아니하셨고

　내 발을 넓은 곳에 세우셨기 때문입니다

고통에 대한 탄식
(영혼과 몸의 고통에 대한 탄식)
9 **여호와여, 내가 고통 중에 있으니 불쌍히 여겨 주십시오**

　내 눈과 영혼과 몸이

　괴로움으로 쇠약합니다

10 정녕 내 일생이 슬픔으로

　내 연수가 탄식으로 소진되며

　내 기력이 내 죄악으로 약해지고

　내 뼈들이 쇠약해졌습니다

(대적들의 공격과 무리의 비방 탄식)
11 내 모든 대적 때문에

　내가 내 이웃들에게 심한

　모욕거리가 되었고

　내 친구들에게는 두려움의 대상이 되었습니다

　거리에서 나를 보는 자들은

　나를 피합니다

12 내가 죽은 사람처럼 마음에서 잊혀졌습니다

　내가 깨진 질그릇처럼 되었습니다

13 많은 사람이 이렇게 속삭이는 소리를 듣기 때문입니다

　"사방에 두려움이!"

　그들이 나를 대항하여 음모를 꾸밀 때

　내 생명을 빼앗으려고 꾀합니다

시인의 구원과 원수의 멸망 간구

14 여호와여, 그래도 나는 주를 믿습니다

 "주는 나의 하나님이십니다"라고 말합니다

15 나의 시간이 주의 손에 달렸으니

 내 원수들과 나를 핍박하는 자들 손에서 나를 구해 주십시오

16 주의 얼굴을 주의 종에게 비춰 주십시오

 주의 인자하심으로 나를 구원해 주십시오

17 여호와여, 내가 주께 부르짖으니 나로 수치를 당하지 않게 해 주십시오

 악인들이 수치를 당하게 하셔서 스올에서 잠잠하게 해 주십시오

18 거짓말하는 입술이 침묵하게 해 주십시오

 그는 교만과 멸시로 의인을 향해 함부로 말합니다

미래 구원의 확신과 성도에 대한 권면
(하나님의 구원에 대한 확신)
19 주를 경외하는 자를 위해 쌓아 두신,

　　주께 피하는 자들을 위해

　　인생들 앞에서 베푸신,

　　주의 선하심이 얼마나 많은지요!

20 주는 그들을 사람의 흉계에서 벗어나도록

　　주의 앞 은밀한 곳에 숨겨 주셨습니다

　　주는 그들을 말다툼에서 벗어나도록

　　피난처에 감춰 주셨습니다

(구원에 대한 확신으로 드리는 찬양)
21 여호와께서 송축 받으시길!

　　이는 포위당한 성에 있는 내게

　　그의 놀라운 인자하심을 베푸셨기 때문이네

22 내가 놀라서 말하기를

　　"내가 주의 눈앞에서 끊어졌습니다" 했습니다

　　그러나 주님은 내가 주께 울부짖을 때

　　내 간구 소리를 들어 주셨습니다

〈성도들에 대한 권면〉
23 모든 성도여, 여호와를 사랑하여라

여호와는 신실한 자들은 지키시지만

교만하게 행하는 자들에겐

엄중히 갚으시네
24 여호와를 바라는 모든 이여,

마음을 강하고 굳세게 하여라

묵상과 기도

1.
바르게 살았는데도 고통이 길어지고 있습니다.
사람들이 나를 비방합니다. 몸과 마음 모두 지쳐갑니다.
하나님, 나를 불쌍히 여겨 주십시오.

2.
십자가의 예수님처럼 고통당하는 내 영혼을
신실하신 하나님 손에 맡겨드립니다.
원수들의 공격에서 나를 숨겨 주십시오.

3.
사랑 많으신 하나님이 응답하시면 저들의 입은 닫히고,
교만한 마음은 꺾일 것입니다.
마음을 강하고 굳세게 해 주십시오.

32편
죄 용서받은 자의 행복

#행복 #죄 사함 #죄 숨김 #죄 고백 #무지 #인자하심

[다윗의, 마스길]

교훈: 죄 용서받은 자의 행복
1 행복하여라, 잘못을 용서받은 사람,

　　　　죄 가림을 받은 사람!
2 행복하여라, 여호와께서 죄 있다

　　　　여기지 않는 사람,

　　　　그 영에 거짓이 없는 사람

감사: 하나님의 용서에 대한 간증
3 내가 침묵하였을 때 내가 종일 신음 가운데 있어

　내 뼈들이 쇠하였습니다
4 밤낮으로

　주의 손이 나를 짓누를 때

　내 기운이 여름날 가뭄에 마름같이

　마르게 되었습니다 (셀라)

5 내가 주께 내 죄를 고백하고

  내 죄악을 숨기지 않았습니다

  내가 "내 잘못에 대해

  여호와께 자백하리라" 다짐했기 때문입니다

  그러자 주께서

  내 죄악과 죄를 용서해 주셨습니다 (셀라)

확신: 경건한 자에 대한 여호와의 보호와 구원
6 이로 말미암아 모든 경건한 사람이

  (주를) 만날 때에

  주를 향해 기도하게 해 주십시오

  참으로 홍수가 몰려와도

  그를 덮치지 못할 것입니다

7 주는 나의 숨을 곳

  주가 고난에서 나를 지켜 주십니다

  구원의 환호로

  나를 두르십니다 (셀라)

교훈: 완고한 악인의 고통과 의인의 행복

8 "내가 너를 지도하여

　네가 가야 할 길을 가르치리라

　내 눈이 네 위에 있어 내가 권하리라

9 너희는 무지한

　말이나 노새처럼 되지 말아라

　그것들은 재갈과 굴레 장치로 제어하지 않으면

　네게 가까이 가지 않는다

10 악인에게는 많은 고통이 있지만

　여호와를 신뢰하는 사람은 인자하심이 두르리라"

찬양: 의인들의 기쁨과 찬양

11 의인들아, 여호와를 기뻐하고 즐거워하여라

　마음이 정직한 사람들아, 다 환호하여라

묵상과 기도

1.
죄를 숨겨 고통당하기보다 죄 용서로 초대하시는
그리스도의 십자가를 의지하여
날마다 죄를 고백하겠습니다.

2.
어떤 징계의 고통 가운데서도 죄를 안타깝게 여기고
의를 열망하는 상한 심령으로
하나님의 용서를 간절히 간구하게 해 주십시오.

3.
우리 죄를 짊어지신 그리스도의 십자가 사랑으로
용서받는 행복을 누립니다.
이 행복을 죄인들에게 간증하고 가르치겠습니다.

33편
창조와 통치와 구원의 하나님 찬양

#말씀 #창조 #통치 #택하심 #굽어보심 #참 구원

찬양에의 초대(찬양대 지휘자)
1 의인들아, 여호와를 환호하여라

　찬송은 정직한 사람들에게 마땅한 것이라

2 수금으로 여호와께 감사하여라

　열 줄 비파로 그에게 찬송을 드려라

3 새 노래로 그에게 노래하여라

　환호성과 함께 아름답게 연주하여라

찬양의 내용(찬양대)

찬양 주제 요약: 창조와 통치의 기초

4 이는 여호와의 말씀이 정직하고

　그의 행하시는 모든 일이 진실하기 때문이라

5 그가 공의와 정의를 사랑하시네

　여호와의 인자하심이 세상에 가득하네

여호와의 말씀: 창조의 능력
6 **여호와의 말씀으로 하늘이,**

　그의 입의 숨으로 그의 모든 군대(별들)가 만들어졌네
7 **그가 바닷물을 무더기처럼 쌓으시며**

　깊은 물을 곳간에 넣으시네
8 **온 땅이 여호와를 경외하기를!**

　세계에 사는 모든 사람이 그를 두려워하기를!
9 **이는 그가 말씀하시자 그대로 되었고**

　그가 명령하시자 그대로 이루어졌기 때문이네

열방의 계획을 폐하고 당신의 계획을 세우심
10 **여호와가 나라들의 계획을 폐하시네**

　민족들의 생각을 무효로 만드시네
11 **여호와의 계획은 영원히,**

　그의 마음의 생각은 대대로 서네

중심절: 여호와의 택하신 백성
12 **행복하여라, 여호와를 자기 하나님으로 모신 나라!**

　그가 자기 기업으로 선택하신 백성!

온 세상 인생들을 살피심

13 여호와가 하늘에서 굽어보시네

그가 모든 인생을 살피시네

14 그가 거하시는 곳에서

땅에 사는 모든 사람을 지켜보시네

15 그는 그들의 마음을 다 지으시는 분

그들이 하는 모든 일을 헤아리시는 분

여호와의 구원

16 군대가 많다고 왕이 구원받는 것은 아니네

힘이 세다고 용사가 목숨을 건지는 것도 아니네

17 군마가 구원한다는 희망은 헛되며

그것의 힘이 세다고 구해 주는 것도 아니네

18 보라! 여호와의 눈은 그를 경외하는 사람들에게로,

그의 인자하심을 바라는 사람들에게로 향하여,

19 그가 그들의 영혼을 죽음에서 건져 내시고

굶주림 중에서 그들을 살리시네

화답 찬양과 기도(회중들)

20 우리 영혼은 여호와를 기다리네

그는 우리 도움과 우리 방패

21 참으로 우리 마음은 그를 기뻐하네

우리가 그의 거룩한 이름을 의지하기에!

22 여호와여, 우리가 여호와를 바라는 대로

주의 인자하심이 우리에게 임하길 원합니다

묵상과 기도

1.
온 세상을 의롭고 인자한 말씀으로 창조하시고
세상과 나라들을 신실하게 다스리시는
창조주 하나님을 찬양합니다.

2.
창조주-왕이신 하나님이 그리스도 안에서 우리를
백성 삼으시고 성령께서 눈동자처럼 지켜 주시니 참으로
감사드립니다. 이 행복을 영원히 누리길 원합니다.

3.
세상 사람들은 힘과 물질을 자랑하지만,
성도인 우리는 진정한 도움과 방패이신
하나님만 의지하게 해 주십시오.

의인과 악인에 관한
다윗의
교훈과 기도
34-37편

34편
여호와의 선하심을 맛보라

#간증 #맛보라 #경외 #의인 #고난 #굽어보심

[다윗의, 아비멜렉 앞에서 미친 척하여 쫓겨났을 때]

개인적 감사와 간증
(구원하신 여호와 찬양)
(알렙 א)
1 나는 항상 여호와를 송축하리라

그를 찬양함이 언제나 내 입술에 있으리라

(베트 ב)
2 내 영혼이 여호와를 자랑하네

곤고한 사람들이 듣고 기뻐하기를!

(김멜 ג)
3 나와 함께 여호와를 높이자

함께 그의 이름을 드높이자

(여호와의 구원 간증)
(달렛 ד)
4 내가 여호와를 찾았을 때 내게 응답하셨고

　나의 모든 두려움에서 나를 건지셨네
(헤 ה)
5 그를 앙망하는 사람들은 빛이 나며
(바브? ו)

　그들의 얼굴은 부끄러움을 당하지 않네
(자인 ז)
6 이 불쌍한 사람이 부르짖었을 때 여호와가 들으시고

　그의 모든 환난에서 구원하셨네
(헤트 ח)
7 여호와의 천사가 그를 경외하는 사람들 둘레에 진을 치고

　그들을 구해 주시네

여호와를 경외하는 복에 대한 교훈(성도들아!)
(테트 ט)
8 너희는 여호와의 선하심을 맛보고 누려라

  행복하여라, 그에게 피하는 사람은!
(요드 י)
9 그의 성도들아, 여호와를 경외하여라

  그를 경외하는 사람들에게는 부족함이 없으리라
(카프 כ)
10 젊은 사자들은 궁핍하고 굶주릴지라도

  여호와를 찾는 사람들은 모든 좋은 것에 부족함이 없으리라

여호와를 경외하는 길에 대한 교훈(자녀들아!)
(라멧 ל)
11 자녀들아, 내게 와서 들어라

  내가 너희에게 여호와 경외를 가르쳐 주리라
(멤 מ)
12 생명을 열망하는 사람은 누구인가

  장수하며 좋은 것을 누리기를 사모하는 사람은 누구인가?
(눈 נ)
13 네 혀는 악을,

  네 입술은 거짓말을 조심하여라
(싸멕 ס)
14 악에서 돌아서서 선을 행하여라

  평화를 찾고 그것을 추구하여라

악인 심판과 의인 구원에 대한 확신

(아인 ע)
15 여호와의 눈은 의인들을 향하고

그의 귀는 그들의 울부짖음으로 향하네

(페 פ)
16 여호와의 얼굴은 악을 행하는 자들을 맞서셔서

그들의 자취를 땅에서 끊으시네

(차데 צ)
17 그들(의인들)이 부르짖으면 여호와께서 들으시고

모든 환난에서 그들을 건지시네

(코프 ק)
18 여호와는 마음이 상한 사람들 가까이 계셔서

낙심한 사람들을 구원하시네

(레쉬 ר)
19 의인에게는 고난이 많지만

여호와는 그 모든 것에서 그를 건지시네

(쉰 ש)
20 그의 뼈를 다 지켜 주시니

어느 것 하나도 부러지지 않네

(타브 ת)
21 악이 악인을 죽이고

 의인을 미워하는 사람들은 벌을 받으리라

(페 פ)
22 여호와는 자기 종들의 영혼을 구속하시며

 그에게 피하는 사람들은 벌을 받지 않으리라.

묵상과 기도

1.
하나님을 찾고 기도하는 성도를 어려움에서 건져 주시는
하나님을 찬양하고, 하나님의 구원을 간증하겠습니다.

2.
악이 판치는 세상에서도 하나님을 경외하고
악에서 돌이켜 선을 행하겠습니다. 그런 의인에게 베푸시는
하나님의 선하심을 맛보게 해 주십시오.

3.
의인이 세상에서 악인들에게 고통을 당해도
뼈 하나도 꺾이지 않게 하실 하나님만 믿고 의지합니다.

35편
나와 다투는 자와 다투소서

#전사 #재판관 #배신 #찬양 #수치 #기쁨

[다윗의]

대적들로부터 구하시길 간구함
1 여호와여, 나와 다투는 자와 다투어 주십시오
   나와 싸우는 자와 싸워 주십시오
2 방패와 큰 방패 잡으시고
   일어나 나를 도와주십시오
3 창을 드셔서
   나를 쫓는 자들을 맞서 막아 주십시오
   내 영혼에게
   "내가 너의 구원"이라 말씀해 주십시오

대적들의 멸망을 구하는 기원

4 내 목숨을 노리는 자들이

 부끄러워 수치를 당하게 해 주십시오

 나를 해치려는 자들이

 뒤로 물러나 창피를 당하게 해 주십시오

5 그들을 바람 앞의 겨와 같게 해 주시고

 여호와의 천사가 그들을 몰아내게 해 주십시오

6 그들의 길을 어둡고 미끄럽게 하셔서

 여호와의 천사가 그들을 뒤쫓게 해 주십시오

7 이는 그들이 까닭 없이 나를 잡을 그물을 감추고

 까닭 없이 내 목숨을 노려 함정을 팠기 때문입니다

8 멸망이 부지불식간에 그에게 닥치게 하시며

 자신이 숨긴 그물이 자신을 잡게 해 주십시오

 그가 멸망 중에 거기에 떨어지게 해 주십시오

여호와의 구원에 대한 기쁨과 찬양 맹세

9 그러면 내 영혼이 여호와를 즐거워할 것입니다

   그의 구원을 기뻐할 것입니다

10 내 모든 뼈가 말합니다

   "여호와여, 누가 주와 같겠습니까?

   주는 가련한 자를 강한 자들에게서,

   가련하고 가난한 자를 약탈자들에게서 건지시는 분!"

선을 악으로 갚는 악인들 고발

11 불의한 증인들이 일어나

   내가 알지도 못하는 일로 내게 묻습니다

12 그들이 내게 악으로 선을 갚아

   내 영혼이 외롭습니다

13 하지만 나는, 그들이 병들었을 때

   굵은 베 옷을 입고

   금식으로 내 영혼을 괴롭게 했습니다

   그런데 내 기도가 내 품으로 돌아왔습니다

14 그들이 내게 친구나 형제라도 되듯이 내가 슬프게 다니며
  어머니를 위해 애도하듯이
  몸을 굽히고 슬퍼했습니다
15 하지만 내가 넘어지자 그들은 기뻐하며 모입니다
  비열한 자들이 나를 해치려 모이지만
  나는 그 이유를 알지 못합니다
  그들이 나를 찢기를 쉬지 않습니다
16 불경한 자들과 함께 그들은 심하게 나를 조롱하고
  나를 향해 이를 갑니다

 구원 간구와 찬양의 맹세
17 주님, 어느 때까지 보고만 계시렵니까?
  내 목숨을 그들의 공격에서
  하나뿐인 내 생명을 젊은 사자들에게서 건져 주십시오
18 내가 큰 회중 가운데서 주께 감사하겠습니다
  많은 백성 가운데서 주를 찬양하겠습니다

대적들이 기뻐하지 말게 해달라는 기원
19 이유 없이 나의 원수된 자들이 나로 말미암아 기뻐하지 못하게 해 주십시오

까닭 없이 나를 미워하는 자들이 서로 눈짓하지 못하게 해 주십시오
20 그들은 평화를 말하기보다

땅에서 평안히 사는 사람들에 대해

거짓말을 지어내며
21 나를 향해 그들의 입을 크게 벌리고

말하기를 "하하!

우리 눈으로 보았지" 하기 때문입니다

시인의 구원과 의로운 판결 간구
22 여호와여, 주께서 이것을 보셨으니 잠잠하지 마십시오

주님, 나를 멀리하지 마십시오
23 깨어 일어나십시오, 나의 재판을 위해!

나의 하나님, 나의 주님, 나의 송사를 위해!
24 여호와 내 하나님, 주의 의를 따라 나를 재판해 주십시오

대적들이 기뻐하지 말게 해달라는 기원
　그들이 나로 말미암아 기뻐하지 못하게 해 주십시오
25 그들이 마음속으로
　"하하, 우리 뜻대로!"라 말하지 못하게 해 주십시오
　"우리가 그를 삼켰다" 말하지 못하게 해 주십시오
26 나의 고난을 기뻐하는 자들이
　함께 부끄러워 창피를 당하게 해 주십시오
　나를 향해 스스로 뽐내는 자들이
　부끄러움과 수치를 옷 입게 해 주십시오

여호와의 구원에 대한 기쁨과 찬양의 맹세
27 나의 의롭다 함을 기뻐하는 자들이
　환호하며 즐거워하게 하시고
　항상 "그의 종의 형통함을 기뻐하시는
　여호와는 위대하시다" 말하게 해 주십시오
28 나의 혀도 주의 의로우심을,
　주께 대한 찬송을 온종일 선포할 것입니다

묵상과 기도

1.
선을 악으로 갚는 사람들의 배신과 파렴치함을
친히 겪으신 주님, 저의 고통과 억울함을 헤아려 주십시오.

2.
전사이신 하나님, 나와 다투는 악인들과 다투어 주십시오.
재판관이신 하나님, 악인들의 고발에서
나를 의롭다 판결하셔서 나를 건져 주십시오.

3.
하나님께서 악인들을 공의로 심판하셔서
의와 평화를 이루실 때 기쁨으로 하나님을 찬양하겠습니다.

36편
망하는 삶, 풍성한 삶

#교만 #악인 #인자하심 #공의 #풍성한 #생명

[인도자를 따라, 여호와의 종 다윗의]

악인의 죄에 대한 고발
1 악인의 잘못에 대한 말씀이

　내 마음에 있네

　그의 눈앞에는

　하나님에 대한 두려움이 없네
2 그는 자기 스스로 너무 의기양양해서

　자기 죄를 찾지도 미워하지도 않네
3 그의 입의 말들은 죄악과 거짓말이네

　그는 슬기롭게 행하거나 선을 행하기를 그쳤네
4 침대 위에서 죄악을 꾀하고

　선하지 않은 길로 나서며

　악을 거절하지 않네

보배로운 여호와의 인자하심과 공의
5 여호와여, 주의 인자하심이 하늘에,
 주의 신실하심이 구름까지 닿습니다
6 주의 공의는 가장 높은 산들 같고
 주의 정의는 깊은 바다 같습니다
 여호와여, 주께서 사람과 짐승을 구원하십니다
7 하나님, 주의 인자하심이 얼마나 보배로운지요!

여호와의 인자하심이 주는 복
 인류가 주의 날개 그늘 아래로 피합니다
8 그들은 주의 집의 풍족한 것을 마음껏 먹고
 주는 그들이 주의 복락의 강에서 마시게 하십니다
9 참으로 주께 생명 샘이 있습니다
 주의 빛 안에서 우리가 빛을 봅니다

여호와의 인자하심과 공의 간구
10 주를 아는 자들에게 주의 인자하심을,

　마음이 정직한 자들에게 주의 공의를 베풀어 주십시오

의인 보호 기원과 악인 멸망 확신
11 교만한 자들의 발이 내게 이르지 못하게 하시며

　악인들의 손이 나를 쫓아내지 못하게 해 주십시오
12 거기서 죄악을 행하는 자들이 넘어지고

　쓰러져 일어나지 못할 것입니다.

묵상과 기도

1.
교만하고 악한 사람들이 승승장구하는 것처럼 보입니다.
그럴 때도 필연적인 그들의 패망을 기억하게 해 주십시오.

2.
하나님은 정의로우시고 한없이 인자하십니다.
그러니 어디로 피하겠습니까?
오직 하나님께로만 피하겠습니다.

3.
하나님께로 피한 성도들이 삼위 하나님이 베푸시는
풍성한 생명과 빛과 복락의 생수를 누리게 해 주십시오.

37편
온유한 자가 땅을 차지한다

#시기 #악인 #끊어짐 #땅 #온유 #상속

[다윗의]

의인에게 하는 서론적 훈계
(악인들의 형통함에 분노하지 말라)
(알렙 א)
1 악한 자들 때문에 분노하지 마라

　불의를 행하는 자들을 시기하지 마라
2 그들은 풀처럼 빨리 시들고

　푸른 푸성귀처럼 마를 것이다

(여호와를 신뢰하고 선을 행하라)
(베트 ב)
3 여호와를 신뢰하고 선을 행하여라

　땅에 거주하면서 신실함을 실천하여라
4 여호와 안에서 즐거워하여라

　그러면 그가 네 마음의 소원을 들어주시리라

(김멜 ג)
5 네 길을 여호와께 맡겨라

그를 신뢰하여라 그러면 그가 몸소 이루시리라

6 네 공의를 빛처럼,

네 정의를 정오처럼 빛나게 하시리라

(달렛 ד)
7 여호와 앞에 잠잠하고

인내로 그를 기다려라

(멸망할 악인의 형통함에 분노하지 말라)
그(악한 자)의 길이 형통하다고,

악한 계획들을 이루는 사람 때문에 분노하지 마라

(헤 ה)
8 노여움을 가라앉히고 화내지 마라

분노하지 마라, 오히려 악을 저지를 뿐이라

9 악한 자들은 끊어지고

여호와를 바라는 자들이 땅을 차지할 것이라

(바브 ﬞ)
10 잠시 후에 악인은 없어지리라

그가 있던 곳을 네가 찾아보아도 그는 없으리라
11 하지만 온유한 자들은 땅을 차지하고

풍성한 행복으로 즐거워하리라

악인의 영원한 멸망에 대한 교훈
(자인 ﬞ)
12 악인이 의인에 대한 음모를 꾸미고

그를 향해 이를 갈고 있네
13 주님이 그를 비웃으실 것은

그의 날이 다가옴을 보시기 때문이네
(헤트 ﬞ)
14 악인들이 칼을 빼고

그들의 활을 당겨서

가난하고 궁핍한 자를 쓰러뜨리고

행위가 정직한 자들을 죽이려 하네
15 그들의 칼은 오히려 제 가슴을 찌르고

그들의 활은 부러지리라

악인과 의인의 대조적인 삶과 결말
(테트 ט)
16 의인의 적은 소유가

　악인들의 많은 재산보다 낫네

17 악인들의 팔은 부러지지만

　의인들은 여호와가 붙드시기 때문이네
(요드 י)
18 여호와가 온전한 자들의 날들을 돌보시기에

　그들의 기업이 영원히 있으리라

19 그들은 환난 때에도 부끄러움을 당하지 않고

　기근 때에도 풍족하리라
(카프 כ)
20 그러나 악인들은 멸망하고

　여호와의 원수들은

　연기 속에 사라지는

　기름진 초장처럼 사라지리라
(라멧 ל)
21 악인은 꾸고 갚지 않지만

　의인은 너그럽게 베푸네

22 그(여호와)의 복을 받는 자들은 땅을 차지하지만

　그의 저주를 받는 자들은 끊어지리라

여호와가 붙드시는 의인의 복

(여호와가 의인의 걸음을 견고하게 하심)

(멤 מ)

23 사람의 걸음이 여호와로 말미암아 굳게 서는 것은

여호와가 그의 길을 기뻐하시기 때문이네

24 넘어질지라도 완전히 쓰러지지 않는 것은

여호와가 그의 손으로 붙드시기 때문이네

(눈 נ)

25 내가 어려서부터 늙기까지

의인이 버림받거나

그의 자손이 음식을 구걸하는 것을 보지 못했네

26 그는 언제나 너그럽게 꾸어 주고

그의 자손은 복을 받네

(의인이 땅에서 영원히 거주할 것)

(싸멕 ס)

27 악에서 떠나 선을 행하여라

그러면 영원히 거주하게 되리라

(아인? ע)
28 이는 여호와가 정의를 사랑하시고

그의 성도를 버리지 아니하시기 때문이네

그들은 영원히 보호받으나

악인들의 자손들은 끊어지리라

29 의인들은 땅을 차지하여

거기서 영원히 거주하리라

(페 פ)
30 의인의 입은 지혜를 이야기하며

그의 혀는 정의를 말하네

31 자신의 하나님의 가르침이 그의 마음에 있어서

그의 걸음이 미끄러지지 않네

의인과 악인의 대조적인 미래
(차데 צ)
32 악인이 의인을 엿보며

그를 죽일 기회를 찾지만

33 여호와가 그를 그(악인)의 손에 넘겨주지 않으시고

　재판받을 때도 정죄 받지 않게 하시리라

(코프 ק)

34 여호와를 바라고

　그의 길을 따라라

　그러면 그가 너를 높여 땅을 차지하게 하시리라

　너는 악인들이 끊어지는 것을 보리라

(레쉬 ר)

35 나는 악하고 무자비한 사람을 보았는데

　그는 무성한 토종나무처럼 뽐냈지만

36 곧 사라져 완전히 없어졌고

　내가 그를 찾았지만 발견하지 못했네

(쉰 שׁ)

37 온전한 자를 지켜보고 정직한 자를 잘 보아라

　평화의 사람에게는 미래가 있지만

38 범죄자들은 함께 멸망하고

　악인들의 미래는 끊어지리라

의인을 구원하실 여호와
(타브 ♪)
39 의인들의 구원은 여호와에게서 오네

그는 환난 때에 그들의 요새시네
40 여호와는 그들을 도와 건지시네

악인들에게서 그들을 건지시고 구하시는 것은

그들이 그에게 피했기 때문이네

묵상과 기도

1.
온갖 악한 방법으로 번성하는 악인들 때문에
분노하거나 부러워하지 않게 해 주십시오.

2.
일시적으로 악인들이 온 세상을 차지하고
영원히 떵떵거리며 살 것처럼 보이지만
한순간에 그들을 땅에서 끊으실
왕이신 하나님의 심판을 믿게 해 주십시오.

3.
악인에게 고통을 당해도 선을 행하는 온유한 자들에게
하나님께서 반드시 풍성하고 영원한
하나님 나라를 주십니다.
그러니 악을 버리고 선을 행하게 해 주십시오.

용서와 치료와
구원을 간구하는
다윗의 기도
38-41편

38편
성한 데가 없습니다

#죄 #징계 #질병 #소외 #참회 #구원

[다윗의 시, 기념하기 위해]

고통스러운 여호와의 징계 철회 간구
　여호와여, 주의 진노로 나를 꾸짖지 마시고
1　주의 분노로 나를 벌하지 마십시오
　주의 화살이 내게 꽂히고
2　주의 손이 나를 짓누르기 때문입니다
　주의 노하심으로 말미암아 내 살에 성한 데가 없습니다
3　내 죄로 말미암아 내 뼈에 온전한 데가 없습니다
　내 죄악들이 나를 압도하여
4　무거운 짐처럼 내게 너무 무겁습니다

질병의 고통, 소외, 원수에 대한 탄식
(질병의 고통 탄식)
5 내 어리석음 때문에

  내 상처가 곪아 악취가 납니다
6 내가 더없이 구부러지고 굽힌 채로

  온종일 슬퍼하며 다닙니다
7 내 허리가 통증으로 가득하니

  내 살에 성한 데가 없습니다
8 내가 심히 쇠약하고 상하여

  내 심장의 고통으로 울부짖습니다
9 주님, 나의 모든 갈망이 주 앞에 있고

  나의 탄식이 주 앞에 감춰지지 않습니다
10 내 심장이 뛰고 기력이 없어졌으며

  내 눈의 빛조차 내게 남아 있지 않습니다

(소외와 원수의 공격 탄식)

11 나의 사랑하는 자들과 친구들이 내 상처를 피해 서고

　　내 친척들도 멀리 떨어져 섭니다

12 내 목숨을 노리는 자들이 덫을 놓고

　　나를 해치려는 자들이 파멸을 말하며

　　종일 거짓된 음모를 꾸밉니다

여호와에 대한 신뢰 고백

13 그러나 나는 청각 장애인처럼 듣지 않고

　　그 입을 열지 못하는 언어 장애인 같습니다

14 나는 듣지 못하고

　　그 입으로 반박하지 못하는 사람처럼 되었습니다

15 그러나, 여호와여, 내가 주를 바라기에

　　주님이신 나의 하나님, 주께서 응답하실 것입니다

16 내가 이렇게 말씀드렸습니다 "그들이 나 때문에 기뻐하며

　　내 발이 미끄러질 때 내게 우쭐대지 말게 해 주십시오"

시인의 참회, 고통과 원수에 대한 탄식
17 참으로 내가 당장 넘어질 것 같고

　　고통이 항상 내게 있습니다
18 참으로 내 죄악을 아뢰고

　　내 죄 때문에 괴로워합니다
19 내 생명을 노리는 원수들이 많고

　　부당하게 나를 미워하는 자들이 많습니다
20 악으로 선을 갚는 자들이

　　내가 선을 따른다고 나를 대적합니다

여호와의 구원 간구
21 **여호와여, 나를 버리지 마십시오**

　　나의 하나님, 나를 멀리하지 마십시오
22 **속히 나를 도와주십시오**

　　나의 주님, 나의 구원이시여!

묵상과 기도

1.
하나님, 저의 질병이 죄 때문이지만
제게는 너무 고통스럽습니다.
질병보다 더 파괴적인 저의 죄를 참회합니다.
용서하시고 치료해 주십시오.

2.
우리 대신 질병의 고통, 정신적 슬픔, 사회적 소외를 당하신
예수님을 의지하여 하나님의 치유와 용서를 간구합니다.

3.
저의 아픔을 두고 정죄하고 공격하는 악한 원수들에게
직접 반박하지 않고 하나님께 기도합니다.
악인들에게서 저를 건져 주십시오.

39편
주와 함께 있는 나그네

#괴로움 #침묵 #허무 #참 소망 #회복 #나그네

[인도자를 따라, 여두둔을 위해, 다윗의 시]

말하지 않고는 견딜 수 없는 고통 호소
1 나는 이렇게 말했네 "내 길을 조심하여
 내 혀로 죄짓지 않으리라
 재갈을 물려서라도 내 입을 조심하리라
 악인이 내 앞에 있는 동안은!"
2 내가 잠잠하고 침묵하여
 선한 말도 하지 않았더니
 내 괴로움이 더 심해지네
3 내 마음이 속에서 뜨거워지며
 탄식 가운데 불이 붙어
 내 혀로 이렇게 말했네

고통 가운데 덧없이 사라질 삶에 대한 탄식

4 "여호와여, 내 끝이 언제인지

　내 날수가 얼마나 되는지 알려 주십시오

　제 삶이 얼마나 덧없는지 나로 알게 해 주십시오"

5 보십시오! 주님이 내 날을 몇 뼘만큼 되게 하셔서

　내 일생이 주 앞에 없는 것 같습니다

　참으로 모든 인생은 한낱 입김으로 서 있을 뿐입니다

　　　　　　　　　　　　　　　　　(셀라)

6 참으로 사람은 그림자처럼 다니고

　참으로 헛된 일에 소란 피우고

　재물을 쌓아도 누가 그것을 거둘는지 알지 못합니다

여호와에 대한 신뢰 고백

7 그러니 주님, 이제 내가 무엇을 기다리겠습니까?

　내 소망은 주께 있습니다

죄에 대한 징계에서 구하시길 간구함

8 나의 모든 죄에서 나를 건져 주십시오

　나를 어리석은 자의 비방거리가 되지 않게 해 주십시오

9 내가 잠잠하고 입을 열지 않은 것은

　주께서 이것을 행하셨기 때문입니다 (셀라)

10 주의 재앙을 내게서 거둬 주십시오

　　주의 손의 치심으로 내가 끝나갑니다

11 주가 죄악에 대한 책망으로 사람을 징계하실 때

　　그의 소중한 것을 좀먹듯이 하시니

　　참으로 모든 인생은 한낱 입김일 뿐입니다

기도 응답과 회복을 위한 간구

12 여호와여, 내 기도를 들어 주십시오

　　내 울부짖음에 귀 기울여 주십시오

　　내 눈물에 잠잠하지 마십시오

　　나는 주와 함께 있는 나그네,

　　내 조상들과 같은 거류민일 뿐입니다

13 내게서 눈을 돌려 주십시오 나로 행복하게 해 주십시오

　　내가 떠나 없어지기 전에 말입니다

묵상과 기도

1.
하나님을 주님과 왕으로 인정하지 않는 순간
다윗 같은 왕도 죄의 고통 가운데 허무하게 죽어갈
입김 같은 인생으로 전락할 뿐임을 깨닫습니다.

2.
하나님의 징계 덕분에 참 소망이신
하나님만 바라게 됩니다.
저를 용서하시고 징계의 고통에서 건져 주십시오.

3.
저를 '하나님과 함께 있는' 나그네 되게 하셔서 감사합니다.
제가 죄와 악을 버리고 하나님과 동행하여
하나님 나라를 향하게 해 주십시오.

40편
수렁에서 건지시는 하나님

#수렁 #새 노래 #행복 #말씀순종 #인자 #가난

[인도자를 따라, 다윗의 시]

감사 1: 고난에서 구원하신 여호와
1 내가 여호와를 간절히 기다렸더니
   내게로 기울이셔서
   나의 울부짖음을 들어 주셨네
2 나를 멸망의 구덩이에서,
   진흙 수렁에서 끌어 올리시고
   반석 위에 내 발을 세우셔서
   내 걸음을 견고하게 하셨네
3 내 입에 새 노래를
   우리 하나님께 드릴 찬송을 담아 주셨네
   많은 사람이 보고 그를 경외하며
   여호와를 신뢰하게 되리라

감사 2: 여호와를 의지하는 자의 행복
4 **행복하여라**

　여호와께 신뢰를 두며

　교만한 자들과

　거짓에 치우치는 자들을 쳐다보지 않는 사람!

5 여호와 나의 하나님,

　주께서 놀라운 일들과

　우리를 위한 계획들을 많이 행하셔서

　주님 앞에 그것들을 다 열거할 수 없습니다

　내가 널리 알리고 말하려 해도

　헤아릴 수 없이 많습니다

헌신 1: 하나님의 뜻을 행함
6 주는 제사나 예물을 원하지 않으십니다

　-주께서 내 두 귀를 열어 주셨습니다-

　번제와 속죄제도 요구하지 않으십니다

7 그때 내가 이렇게 말했습니다

"보십시오, 내가 왔습니다

두루마리 책에

내게 대해 기록되어 있습니다

8 나의 하나님, 내가 주의 뜻 행하기를 원합니다

주의 가르침이 내 마음 가운데에 있습니다"

헌신 2: 하나님의 구원의 은혜 찬양

9 나는 많은 회중 가운데서

의에 대한 기쁜 소식을 전했습니다

보십시오, 내 입술을 다물지 않은 것을

여호와여, 주가 아십니다

10 주의 공의를 내 마음속에

숨겨 두지 않고

내가 주의 성실과 구원을 선포했습니다

주의 인자와 진리를 많은 회중에게 감추지 않았습니다

기도 1: 죄의 징계에서의 구원 간구

11 **여호와여, 주는 주의 긍휼을**

 내게서 거두지 마시고

 주의 인자와 주의 진리가

 나를 항상 지키게 해 주십시오

12 헤아릴 수 없이 많은 재앙이

 나를 둘러쌌습니다

 나의 죄악들이 나를 잡아

 내가 볼 수도 없습니다

 그것들이 내 머리카락보다 많아

 내가 낙심하고 말았습니다

13 여호와여, 즐거이 나를 구해 주십시오

 여호와여, 속히 나를 도와주십시오

기도 2: 대적들의 멸망과 의인의 구원 간구
14 내 목숨을 노리는 자들이

다 함께 부끄러움과 수치를 당하게 해 주십시오

내 재앙을 기뻐하는 자들이

뒤로 물러나 창피를 당하게 해 주십시오

15 "하하, 하하" 하며 나에게 말하는 자들이

자신들의 수치 때문에 놀라게 해 주십시오

16 주를 찾는 모든 자들은

주 안에서 즐거워하고 기뻐하게 하시며

주의 구원을 사랑하는 자들은

늘 "여호와는 위대하시다" 말하게 해 주십시오

17 그러나 나는 가난하고 궁핍합니다

주님이 나를 생각해 주십시오

주는 나의 도움 나를 건지시는 분이시니

나의 하나님, 지체하지 말아 주십시오

묵상과 기도

1.

저는 지금까지 하나님이 베푸신 신실한 사랑으로
죄를 용서받고 수렁에서 구원받아 하나님께 헌신하고
순종할 수 있었습니다. 저는 행복한 사람입니다.

2.

지금 저는 하나님 앞에 가난하고 궁핍합니다.
나의 도움이신 하나님, 지체하지 말고 다시 한번
이 수렁에서 건져 주십시오.

3.

곧 수렁에서 저를 건지셔서 반석 위에 세우실
하나님께 구원의 새 노래를 마음껏 부르게 해 주십시오.

41편
긍휼히 여기는 자는 복이 있나니
#가난한자 #행복 #고치심 #원수 #배신 #불쌍

[인도자를 따라, 다윗의 시]

여호와가 의인을 회복시키실 것에 대한 확신
1 행복하여라, 가난한 자를 보살피는 사람!
 재앙의 날에 여호와가 그를 구해 주시리라
2 여호와가 그를 지키시고 살려 주셔서
 그가 땅에서 행복하다 여김 받으리라
 주는 그를 그의 원수들의 뜻에 맡기지 않으십니다
3 여호와가 그를 병상에서 붙드십니다
 주는 그를 어떤 병상에서도 회복시키십니다

하나님의 긍휼과 질병 회복을 구하는 기도
4 내가 이렇게 말씀드렸습니다 "여호와여, 나를 불쌍히 여겨 주십시오
 내가 주께 죄를 지었으니 나를 고쳐 주십시오"

원수들의 악담과 음모와 배신 탄식

5 내 원수들이 내게 이렇게 악담합니다

"저자가 언제 죽어서 그 이름이 없어질까?"

6 (나를) 보러 와서는 빈말이나 늘어놓고

속에 악한 것을 쌓았다가 나가서는 그것을 떠들어 댑니다

7 나를 미워하는 자들이 모두 나를 두고 수군거리고

내게 대해 안 좋은 일을 상상하기를

8 '몹쓸 병이 그에게 들었으니

그가 누워 다시는 일어나지 못할 것이다' 합니다

9 내가 믿어 온 친한 친구,

내 음식을 먹던 자마저 나를 대항해 발꿈치를 들었습니다

긍휼과 회복과 원수 갚음을 구하는 기도

10 그러나 여호와여, 주는 나를 불쌍히 여겨 주십시오

나를 일으키셔서 내가 그들에게 갚아 주게 해 주십시오

여호와가 시인을 세우실 것에 대한 확신
11 나는 주가 나를 기뻐하시는 줄 압니다

   내 원수들이 나를 향해 승리의 함성을 지르지 못할 것이기 때문입니다
12 하지만 나로 말하자면, 주께서 나의 온전함을 보시고 나를 붙드십니다

   주 앞에 영원히 나를 세워 주십니다

송영
13 이스라엘의 하나님 여호와를 송축하라

   영원에서 영원까지!

   아멘, 아멘!

묵상과 기도

1.
몸이 고통스럽습니다. 더 아프기는 저 원수들의 조롱과
악담입니다. 그중에 친한 친구도 있어 더 속상합니다.

2.
고통당하는 가난한 자를 불쌍히 여기시고
온전히 회복시키시는 하나님 덕분에 나는 행복합니다.

3.
세상은 약자를 더욱 공격하고 착취하나
하나님의 사람인 저는 하나님처럼
약자를 긍휼히 여기게 해 주십시오.

시편 1-41편 주제어 모음

1편	#행복	#말씀	#형통	#의인	#악인	#겨
2편	#그리스도	#하늘 왕	#아들	#통치자들	#경고	#행복
3편	#대적	#공격	#방패	#구원	#심판	#잠
4편	#응답	#음해	#경건한자	#잠잠	#기쁨	#평안
5편	#응답	#아침	#거짓말	#악한 말	#재판	#보호
6편	#질병	#치유	#징계	#탄식	#원수	#눈물
7편	#무고	#억울함	#심판	#의로우심	#재판장	#사필귀정
8편	#영광	#하늘	#어린아이	#돌보심	#존귀	#다스림
9편	#변호	#심판	#공의	#가난	#요새	#자승자박
10편	#교만	#자승자박	#신성모독	#가난	#고아	#감찰
11편	#피난처	#터	#의인	#보좌	#감찰	#심판
12편	#경건	#거짓	#아첨	#자랑	#말씀	#순결
13편	#언제까지	#잊음	#번민	#사랑	#응답	#찬송

14편	#어리석음	#부패	#선	#구원	#가난	#피난처
15편	#예배	#성산	#정직	#진실	#이웃사랑	#돈
16편	#주님	#기업	#교훈	#기쁨	#영생	#스올
17편	#결백	#판결	#눈동자	#보호	#악인	#만족
18편	#반석	#사망	#의의 상	#전쟁	#승리	#메시야
19편	#하늘	#영광	#태양	#말씀	#회복	#지혜
20편	#왕	#그리스도	#전쟁	#승리	#무기	#기도응답
21편	#왕	#승리	#영광	#은사	#최후	#능력
22편	#무응답	#절규	#의지	#원수	#찬송	#통치
23편	#목자	#인도하심	#함께하심	#잔칫상	#환대	#주의집
24편	#창조주	#성소	#예배자	#의	#문	#왕
25편	#수치	#주의 길	#인자하심	#교훈	#진리	#용서
26편	#판결	#시험	#인자하심	#속량	#주의 집	#온전함
27편	#나의 빛	#대적들	#성전	#숨기심	#얼굴	#기다림

28편	#무덤	#간구	#구원	#악인	#갚음	#메시야
29편	#송영	#소리	#번개	#천둥	#왕	#힘
30편	#스올	#징계	#잠깐	#은총	#역전	#감사
31편	#피난처	#의지	#고통	#비방	#원수	#은혜
32편	#행복	#죄 사함	#죄 숨김	#죄 고백	#무지	#인자하심
33편	#말씀	#창조	#통치	#택하심	#굽어보심	#참 구원
34편	#간증	#맛보라	#경외	#의인	#고난	#굽어보심
35편	#전사	#재판관	#배신	#찬양	#수치	#기쁨
36편	#교만	#악인	#인자하심	#공의	#풍성한	#생명
37편	#시기	#악인	#끊어짐	#땅	#온유	#상속
38편	#죄	#징계	#질병	#소외	#참회	#구원
39편	#괴로움	#침묵	#허무	#참 소망	#회복	#나그네
40편	#수렁	#새 노래	#행복	#말씀순종	#인자	#가난
41편	#가난한자	#행복	#고치심	#원수	#배신	#불쌍

시로 묵상하는 시편 1-41편

초판 발행일 2022년 8월 1일
초판 2쇄일 2025년 5월 29일

발행인 이기룡
지은이 김성수
주 소 서울특별시 서초구 고무래로 10-5(반포동)
전 화 (02)592-0986~7
팩 스 (02)595-7821
홈페이지 qtland.com
등 록 1998년 11월 3일 제22-1443호
디자인 서유진

ISBN 979-11-6166-171-1
값 12,000원